Herzhafte Fleischgerichte

Rezepte aus dem Allgäu

Herausgeber und Verlag:
AVA Verlag Allgäu GmbH
Postfach 3153 – 87440 Kempten/Allgäu
Telefon: (08 31) 5 71 42-0 – Fax: 7 90 08

Redaktion und Konzept: Maria Anna Weixler-Schürger
Layout: Brigitte Wiedemann
Titelfoto: Maria Anna Weixler-Schürger
Titelgestaltung: Brigitte Wiedemann

Gesamtherstellung:
AVA Verlag Allgäu GmbH
Porschestraße 2 – 87437 Kempten

Herzhafte Fleischgerichte

Rezepte aus dem Allgäu

»Fleisch ist ein Stück Lebenskraft« – verspricht die Werbung. Und hat Recht! Denn Fleisch ist einer der wichtigsten Lieferanten für Eiweiß; dazu enthält es viele Vitamine und Mineralien. Obendrein gibt es Fleisch in einer solchen Hülle und Fülle, dass im Kochtopf nie Langeweile aufkommen muss. Wie vielseitig Fleischgerichte sein können – von fein bis deftig, von süß-sauer bis pikant, von geräuchert bis durchgegart, als Vorspeise oder als Hauptgang – davon künden einmal mehr die einfallsreichen Rezepte Allgäuer Landfrauen oder (erfreulicherweise) auch -männer. Gerade beim Fleisch, weiß man, redet »das starke Geschlecht« ja auch ein Wörtchen in der Küche mit. Weil es aber auch und gerade beim Fleisch verschiedene Vorlieben gibt, ist das Buch gegliedert in einzelne Kapitel für Rind, Kalb und Schwein, für Geflügel, Lamm und Wild. Weniger populär, trotz allem nicht unbeliebt sind zudem Fischgerichte, die das Buch »Herzhafte Fleischgerichte« bereichern sollen.

Von Herzen viel Genuss mit Fleisch und Fisch

wünscht Ihnen

Maria Anna Weixler-Schürger

Inhalt

Schwein

Rind

Kalb

Hackfleisch, Wurst, Gemischtes Fleisch

Geflügel

Lamm

Wild

Fisch

Schwein

Allgäuer Himmel

Zutaten für Spätzle:
400 g Mehl
4 Eier
1 Tasse Wasser
Salz, Pfeffer, Muskat
250 g geriebener Bergkäse
50 g Weißlacker

Zutaten:
600 g Schweinefilet
1 große Zwiebel
300 g frische Champignons
1/4 l trockener Weißwein
1/4 l Milch
1 Becher Sauerrahm
1 bis 2 EL helle Soße
300 g Erbsen

Aus Mehl, Eiern, Wasser und Gewürzen einen klumpenfreien Teig herstellen und etwa 10 Minuten ruhen lassen. Danach den Teig mit dem Spätzlehobel in einen Topf mit reichlich kochendem Salzwasser reiben und einmal kurz aufkochen lassen. Die Spätzle dann in eine vorbereitete Auflaufform lagenweise mit dem Käse einschichten, anschließend im Backrohr bei 150 Grad warm halten. 100 g Bergkäse zum Überbacken aufheben.
Das Schweinefilet in ca. drei bis vier dicke Scheiben schneiden, leicht klopfen und mit Salz und

Von Monika von Bischoffshausen, Benningen

frisch gemahlenem Pfeffer würzen. Das Fleisch in einer Pfanne mit heißem Fett von beiden Seiten scharf anbraten und dann auf die Spätzle verteilen.

Im Bratensaft die fein gewürfelten Champignons kurz anbraten, würzen und über das Fleisch verteilen. Aus Weißwein, Milch, Sauerrahm und Soßenpulver eine helle Soße herstellen, in der dann die Erbsen gegart werden. Danach die Soße mit Erbsen ebenfalls gleichmäßig über dem Fleisch verteilen und mit dem restlichen Käse bestreuen.

Zum Schluss alles bei 170 Grad ca. 15 Minuten überbacken.

Tipp: Werden die Spätzle nicht in Salzwasser, sondern in Suppenbrühe gekocht, werden sie besonders schmackhaft.

Bauernkotelett

Zutaten:
4 Schweinekotelett
Salz, Pfeffer
gemahlener Kümmel
2 EL Mehl
3 EL Öl
50 g geräuchter Speck
1 fein gehackte Zwiebel
100 g Sellerie
100 g Karotten
100 g rohe Champignons
1 Knoblauchzehe
1/4 l Bratensaft
350 g rohe Kartoffelscheiben
100 g gekochte Erbsen
Petersilie

Die Koteletts dünn klopfen und mit Salz, Pfeffer und Kümmel würzen, in Mehl wenden und in Öl scharf anbraten, herausnehmen und warm stellen.
Speckwürfel glasig dünsten, Sellerie und Karotten in Stifte schneiden, Champignons in Scheiben schneiden und die zerdrückte Knoblauchzehe zugeben und mitdünsten. Mit dem Bratensaft ablöschen. Fleisch darauf legen und im geschlossenen Topf fünf Minuten leise kochen lassen. Eventuell etwas Bratensaft nachgießen. Dann Kartoffelscheiben darauf geben und 25 bis 30 Minuten garen. Fleisch anrichten und die Erbsen und die Petersilie unter das Gemüse heben, abschmecken und um das Fleisch herum anrichten.

Tipp: Dazu passt Radicchiosalat.

Von Hildegard Heine,
Bodnegg

Bolognese-Schnitzel

Zutaten:
6 Schweineschnitzel
375 g Hackfleisch (gemischt)
Salz, Pfeffer
Paprikapulver
1 Ei
1 Dose Champignons
2 Becher Sahne
2 Beutel Bolognese Gewürzmischung
6 Scheiben Käse

Die Schnitzel leicht mit Salz und Pfeffer würzen und in eine feuerfeste Auflaufform legen. Das Hackfleisch mit Pfeffer, Salz und Paprikapulver nicht zu scharf würzen, das Ei dazugeben und zu einem Teig verrühren. Die Hackfleischmasse auf die Schnitzel streichen. Die Champignons abtropfen lassen, in Scheiben schneiden und auf die Schnitzel geben. Die Gewürzmischung mit der Sahne verrühren und über die Schnitzel gießen.
Im vorgeheizten Backofen bei 200 Grad ca. 30 Minuten backen. Die Käsescheiben auf die Schnitzel legen und weitere 10 bis 15 Minuten backen, bis der Käse goldgelb zerlaufen ist.

Von Isolde Vilgis,
Steingaden

Brätküchlein

Zutaten:
250 g Brät
ca. 1/4 l Milch
1 Ei
1 TL Salz
1 TL Maggi-Würze
etwas Fondor
1 Knoblauchzehe
100 g Semmelbrösel
Fett zum Ausbacken

Brät etwas abbrühren, ca. 1/8 l Milch dazugeben. Gewürze, Ei und fein gehackte Knoblauchzehe unterheben und mit Semmelbrösel mischen. Kleine Küchlein formen und im Fett ausbacken. Teig wird schnell fest, deshalb noch etwas Milch unterheben.

Tipp: Dazu passen Kartoffeln und Salate aller Art.

Von Loni Moser,
Asch

Brokkoli-Schweinebraten

Zutaten:
2 bis 3 kg Schweinerücken
500 g Brokkoli
400 g Schmand
100 g geriebener Emmentaler
100 g Kochschinken
80 g Hackfleischfix
etwas Knoblauchpfeffer
20 g Röstzwiebeln

Den Schweinerücken beim Metzger spiralförmig (zu einer großen Platte) aufschneiden lassen. Den Brokkoli hacken und den Kochschinken in kleine Würfel schneiden. Schmand mit Brokkoli, Käse, Kochschinken, Röstzwiebeln und Gewürzen zu einer Masse verarbeiten. Den Schweinerücken mit Knoblauchpfeffer würzen und die Brokkolimasse ca. 1 cm dick auftragen. Den Braten aufrollen und zusammenbinden, oder in ein Bratennetz einziehen. Außen mit Knoblauchpfeffer würzen. Im Backofen zwei bis drei Stunden auf 180 Grad braten. Den Braten am besten in einen Bräter mit Deckel legen. Nach dem Braten kurz ruhen lassen und in Scheiben schneiden. Als Beilage schmeckt jede Art von Knödel oder Spätzle mit Salat.
Tipp: Wenn Gäste kommen, kann das Essen gut im Voraus bereitet werden.

Von Monika Kohler,
Altusried
Bild: Sonja Stegmann

Camembert-Schnitzel

Zutaten:
4 Schweineschnitzel
Salz, Pfeffer, Paprika
Öl zum Anbraten
2 Tomaten
250 g Camembert
Paprikapulver
Schnittlauchröllchen

Von Anja Fehnle,
Untrasried
Bild: Brigitte Wiedemann

Schweineschnitzel würzen und in Öl von beiden Seiten anbraten. Tomaten und Camembert in Scheiben schneiden.
Schnitzel zuerst mit Tomatenscheiben, dann mit Camembert belegen.
Bei 200 Grad Heißluft ca. 5 bis 10 Minuten goldbraun überbacken.
Fertige Schnitzel mit Paprikapulver und Schnittlauchröllchen bestreuen.

Guten Appetit.

Dänisches Kotelett mit Leerdamer

Zutaten:
4 Stielkoteletts
Salz, Pfeffer
1 kleiner Apfel
etwas Schnittlauch
20 g Butter
50 g Leerdamer Käse
2 Bund junger Lauch oder Frühlingszwiebeln

Von Maritta Hartmann, Kraftisried
Bild: Ulrike Finkenzeller

Die Koteletts mit Salz und Pfeffer einreiben. Den Apfel in Scheiben schneiden, den Schnittlauch fein hacken. Die Butter in einer großen Pfanne erhitzen.
Das Fleisch von jeder Seite etwa 6 Minuten braten und aus der Pfanne nehmen. Im verbliebenen Fett die Apfelscheiben hellbraun anbraten, anschließend auf den Koteletts verteilen und mit dünn geschnittenem Leerdamer Käse belegen.
Lauch oder Frühlingszwiebeln putzen und in Streifen schneiden. Mit ca. 50 ml Wasser in die Pfanne geben. Darauf die Koteletts legen und alles zusammen noch ca. 20 Minuten bei schwacher Hitze zugedeckt garen. Mit dem fein gehackten Schnittlauch bestreut servieren.

Deftige Jägerpfanne

Zutaten:
300 g Schweineschnitzel
3 EL Öl
Salz, Pfeffer
1 rote Paprika
1 gelbe Paprika
200 g Champignons
400 g Pellkartoffeln
2 EL Sojasoße
100 ml Sahne
etwas gehackter Majoran

Fleisch abbrausen, in Streifen schneiden, im Öl anbraten, herausnehmen, würzen, beiseite stellen.
Paprika waschen, Pilze abreiben, beides putzen, Kartoffeln pellen und alles in Scheiben schneiden. Die Kartoffeln im Bratenfett rösten und herausnehmen. Paprika andünsten und Pilze zufügen, würzen.
Fleisch und Kartoffeln zufügen, Sojasoße, Sahne angießen und aufkochen. Mit Majoran, Salz und Pfeffer würzen. Eventuell mit Kräutern garnieren.

Tipp: Dazu passt grüner Salat.

Von Angelika Frey,
Dirlewang

Feinschmeckersteak

Zutaten:
4 Schweinesteaks (je 150 g)
2 EL Öl
Salz, Pfeffer
Paprika
100 g rohe Schinkenstreifen
1 kleine Zwiebel
1 Knoblauchzehe
1/8 l Rotwein
1/4 l Bratensoße

Öl, Salz, Pfeffer, Paprika verrühren und die Steaks von beiden Seiten je 5 bis 10 Minuten grillen. Etwas Öl in einer Bratpfanne erhitzen, die Schinkenstreifen, die klein gehackte Zwiebel und die Knoblauchzehe darin leicht anbraten.
Mit dem Rotwein löschen und zur Hälfte einkochen lassen. Bratensoße dazugeben und unter Rühren kochen lassen, bis die Soße leicht gebunden ist. Die Steaks mit der Soße auf eine Platte geben.

Beilagen: Kartoffelkroketten, Pommes frites, Salzkartoffel oder Buttergemüse.

Von Helga Hummel,
Görisried
Bild: Anke Wirth

Feuertopf

Zutaten:
500 g Schweinelende
(oder Schulter, Hals)
40 g Fett
2 Zwiebeln
2 Knoblauchzehen
1 grüne Paprikaschote
1 rote Paprikaschote
2 Peperoni
2 Essiggurken
1 Glas Silberzwiebeln
1 kleine Dose Ananas
1 kleine Dose
Champignons
ca. 125 ml Chilisoße
1/2 Becher Sahne
1 TL Curry
1 TL Rosenpaprika
3 Spritzer Tabasco
etwas Steakgewürz
1 Glas Weißwein
Salz

Fleisch, Zwiebeln, Paprika, Peperoni, Essiggurken und Pilze in Würfel bzw. Scheiben schneiden. Das Fett erhitzen und das Fleisch darin anbraten. Nach und nach die Zwiebeln und den Knoblauch zugeben. Paprika, Peperoni und Essiggurken zum Fleisch geben und mit anschmoren. Ananas, Silberzwiebeln und Pilze in den Topf geben, mit dem Pilzwasser aufgießen. Die Gewürze und die Chilisoße dazugeben, mit Wein angießen und auf kleinster Stufe eine Stunde schmoren lassen. Mit Sahne verfeinern und nochmal abschmecken.
Viel Spaß beim Nachkochen!

Von Gertrud Teibtner,
Stötten a. A.

Filettopf

Zutaten:
1 kg Schweinefilet
200 g Speckwürfel
250 g Zwiebelringe
500 g frische Champignons
2 Becher Crème fraîche
4 Becher süße Sahne
2 Ecken Schmelzkäse
2 Packungen Bratensoße
150 g geriebener Gouda

Filet in fingerdicke Scheiben schneiden, salzen, pfeffern, anbraten und aus der Pfanne nehmen. Im Bratfett Speckwürfel und Zwiebelringe anbraten.
Filet, Speck, Zwiebeln und Champignons in eine gefettete Auflaufform schichten.
Crème fraîche, Sahne, Schmelzkäse und Bratensoße verrühren. Zutaten damit übergießen. Das Ganze mit Gouda überstreuen und über Nacht im Kühlschrank durchziehen lassen.
Im vorgeheizten Backofen bei 200 Grad 45 Minuten mit Deckel und 15 Minuten ohne Deckel backen.

Von Monika Frei, Isny

Fleischspieße »Teufel und Engel«

Zutaten für Teufelspieße:
500 g mageres Schweinefleisch
150 g magerer geräucherter Speck in Scheiben
1 rote Paprika
1 grüne Paprika
2 Zwiebeln
Öl, Salz, Pfeffer
Rosenpaprika

Zutaten für Engelspieße:
500 g Filetkotelettstück in Würfel
2 Bananen in Scheiben
2 Äpfel
1 Zwiebel (Gemüsezwiebel)
Salz, Pfeffer, Curry

Alle Zutaten in passende Würfel bzw. Scheiben schneiden. Fleischwürfel und andere Zutaten abwechselnd auf Spieße stecken. Mit Öl beträufeln, salzen, pfeffern, mit Paprika bzw. Curry würzen. Überflüssige Gewürze sanft abklopfen. Spieße etwa 15 Minuten über schwach glimmendem Feuer grillen. Dabei gelegentlich wenden. Auch für eine Gartenparty eine tolle Idee.

Tipp: Die Hausfrau kann es vorher richten! Wenn Gäste kommen eine Überraschung! Sie sind begeistert.

Von Erika Mann,
Stöttwang
Bilder: Sylvia Weixler

Früchte-Mais-Topf (Pretoria)

Zutaten:
400 g Schweinefleisch (geschnetzelt)
1 EL Curry
Salz, Paprikapulver
4 Zwiebeln
2 EL Sesamöl
3/4 l Fleischbrühe
1/4 l Weißwein
500 g Tomaten (frisch oder aus der Dose)
250 g Mais
2 bis 3 Bananen
250 g Weintrauben

Das mit Salz, Curry und Paprika gewürzte Schweinefleisch mit den klein gehackten Zwiebeln in eine Kasserolle im heißen Öl kräftig anbraten. Mit der Fleischbrühe und dem Wein anlöschen und ca. 30 Minuten köcheln lassen. Dann den Mais und die enthäuteten, klein geschnittenen Tomaten dazugeben und weitere 15 Minuten köcheln lassen.
Zum Schluss die in Scheiben geschnittenen Bananen und die verlesenen, halbierten Trauben dazugeben und ein paar Minuten heiß werden lassen.

Von Doris Heim,
Scheffau

Gebackene Koteletts in Paprikasoße

Zutaten:
6 ausgelöste Schweinekoteletts
1,25 kg Kartoffeln
5 Zwiebeln
1 kg frische Champignons
1 Glas Tomatenpaprika
2 bis 3 EL Öl
Salz, Pfeffer, Oregano
5 EL Gewürzketchup

Kartoffeln schälen, waschen und in dünne Spalten schneiden. Koteletts trocken tupfen, mit Salz und Pfeffer würzen. Zwiebeln in Ringe schneiden, Champignons schälen und halbieren. Paprika in der Einlegeflüssigkeit fein pürieren.
Öl erhitzen. Zwiebeln darin anbraten, herausnehmen, Champignons in Bratfett gut anbraten, mit Salz und Pfeffer würzen und mit pürierten Paprika und 1/4 l Wasser ablöschen. Zwiebeln wieder zufügen, kurz aufkochen lassen. Mit Oregano und Gewürzketchup abschmecken. Zuerst die Kartoffelspalten, dann die Schweinekoteletts in einen ofenfesten Bräter verteilen. Paprikasoße gleichmäßig darüber gießen. Den Auflauf im Backofen bei 200 Grad ca. eine Stunde schmoren.

Von Erika Biechteler,
Woringen

Gefüllte Basilikum-Feta-Schnitzel

Zutaten:
6 Schweineschnitzel (zu Cordon bleu geschnitten)
1 Becher Sahne
2 EL Tomatenmark
200 g Fetakäse
frisches Basilikum
Mehl
Butter
ca, 1 l Brühe
100 ml Weißwein
Pfeffer, Salz, Paprika

Das Fleisch anbraten und abkühlen lassen.
Den Käse würfeln und das Basilikum in Streifen schneiden. Für die Soße das Mehl und die Butter zu einer Mehlschwitze verarbeiten, mit Weißwein, Brühe, Sahne ablöschen und mit Tomatenmark, Pfeffer, Salz und Paprika abschmecken.
In die Schnitzel den Feta und Basilikum füllen.
Die Taschen zusammenstecken (Rouladennadeln). In eine Auflaufform legen, die Soße darüber geben und bei 200 Grad bis zu 45 Minuten backen.
Guten Appetit!!!

Von Anita Gretz,
Reicholzried

Gekochte Ripple mit Sauerkraut

Zutaten:
4 bis 6 Ripple
1 große Dose Sauerkraut
ca. 50 g Fett
eventuell Speckwürfel oder Kochsalami
2 Zwiebeln
2 große Äpfel
6 bis 8 Wacholderbeeren
1 Lorbeerblatt
1/2 TL Kümmel
600 bis 700 ml Brühe
eventuell Salz und Knoblauchpulver

Zwiebeln klein schneiden, Äpfel schälen und klein schneiden. Fett in einem Dampfdrucktopf erhitzen, eventuell Speck oder Salami auslassen, Zwiebeln und Äpfel darin anbraten. Wacholder, Lorbeer und Kümmel hineingeben, Kraut zugeben und andünsten. Brühe zugießen, bei Bedarf etwas Salz zugeben und eventuell etwas Knoblauchpulver dazutun. Ripple auf das Kraut legen, Topf schließen.
Garzeit (ab 2. Ring) 5 bis 10 Minuten. Nach dem Öffnen die Ripple herausnehmen, auf einer Platte servieren, Kraut abtropfen und auch servieren.

Von Monika Bernhard, Lauben

Gelbe-Rüben-Schnitzel

Zutaten:
4 Schweineschnitzel
Pfeffer, Salz, Paprika
150 g Schweinebauch
2 Karotten
1 Zwiebel
Sahne

Schnitzel mit Salz, Pfeffer und Paprika würzen, in Fett anbraten. In Scheiben geschnittene Zwiebel mit andünsten. Speck in Streifen, Karotten in Würfel schneiden. Alles in die Pfanne zu den Schnitzeln geben und mit Sahne aufgießen.

Von Mariluise Stölzle,
Oberschönegg
Bild: Gabi Striegl

Gratinierte Medaillons mit Gemüse

Gemüse fein schneiden, Zwiebel fein würfeln und alles in Butter kurz dünsten. Gemüse würzen und beiseite stellen.

Fleisch in 1 cm dicke Scheiben schneiden, leicht mit Senf bestreichen.

Öl in der Pfanne erhitzen, Medaillons von beiden Seiten anbraten und würzen.

Nun eine längliche Auflaufform leicht fetten und Fleisch und Gemüse streifenweise einschichten. Dann Butter in einem Topf schmelzen, Mehl zugeben und hell anschwitzen und mit Milch und

Zutaten:
400 g Schweinefilet
(oder Lende)
etwas Senf
2 EL Öl
800 g Gemüse, beispielsweise Karotten, Lauch, Zucchini, Kohlrabi, Brokkoli
1 Zwiebel
1 EL Butter
Salz, Pfeffer
Muskatnuss
40 g Butter
2 EL Mehl
175 ml Milch
175 ml Wasser
1/2 TL gekörnte Brühe
75 g Blauschimmelkäse
50 g Emmentaler
Salz, Pfeffer

Wasser aufgießen, Brühe zugeben und Soße aufkochen lassen.
Blauschimmelkäse in kleine Stücke schneiden, Emmentaler reiben. Käse zur Soße geben und schmelzen lassen, abschmecken und über Fleisch und Gemüse geben.
Überbacken bei 220 Grad ca. 15 Minuten.

Von Hannelore Schwarzmann, Betzigau
Bilder: Rosi Müller

Gratiniertes Schweinefilet

Zutaten:
500 g Schweinefilet
1 EL mittelscharfer Senf
4 EL Öl
Salz, Pfeffer
Knoblauch
Steakgewürz
400 g Brokkoliröschen
250 g Karotten (Stifte)
300 g Lauch (Ringe)
10 g Butter
300 g Crème fraîche
5 EL Sahne
50 g Gouda

Gemüse vorgaren.
Filet in dünne Scheiben schneiden, mit Senf bestreichen, würzen und kräftig anbraten. Fleisch und Gemüse in eine gefettete Form schichten.
Crème fraîche mit der Sahne glatt rühren, geriebenen Käse unterheben.
Die Masse über Fleisch und Gemüse verteilen und bei 200 Grad 30 bis 40 Minuten überbacken.
Gutes Gelingen!

Von Margit Schalk,
Sontheim

Gyros-Auflauf

Zutaten:
1 kg Schweinefleisch
2 rote Paprikaschoten
2 grüne Paprikaschoten
1 Zwiebel
1 Dose Champignons
1 Becher Crème fraîche
1 Becher Sahne
250 g geriebener Emmentaler
30 g Gyrosgewürz
Salz, Pfeffer
Paprika, Thymian

Fleisch in Streifen schneiden, großzügig mit Gyrosgewürz bestreuen, etwas Olivenöl darüber gießen und 12 Stunden ziehen lassen. Am nächsten Tag kross anbraten und in eine Auflaufform geben. Paprika und Zwiebel in Streifen schneiden und ca. 10 Minuten dünsten, danach die blättrig geschnittenen Champignons dazugeben. Crème fraîche und Sahne unterrühren und mit den Gewürzen abschmecken. Die Masse über das Fleisch geben, den geriebenen Käse darüber streuen und bei 180 Grad 15 bis 20 Minuten überbacken.

Tipp: Dazu passt am besten ein Baguette oder grüner Salat, Reis und Tsatsiki.

Von Michaela Eggel,
Günzach
Bild: Ulrike Finkenzeller

Gyros-Lasagne

Fleisch waschen, trocken tupfen und in feine Streifen schneiden. Zwiebel schälen, vierteln und klein schneiden. Knoblauch schälen und zerdrücken. Mit Fleisch, Zwiebel, Gyrosgewürz, 2 bis 3 EL Öl, Lorbeer und Thymian mischen. Zugedeckt ca. 12 Stunden im Kühlschrank marinieren. Fett in einem Topf schmelzen, Mehl darin anschwitzen. Mit Milch und 3/8 l Wasser unter Rühren ablöschen. Aufkochen und Brühe einrühren. Ca. 15 Minuten unter Rühren köcheln lassen. Mit Salz und Pfeffer abschmecken.

Zutaten für 6 Personen:
400 g Schweinefleisch
1 kleine Gemüsezwiebel
2 Knoblauchzehen
1 EL Gyrosgewürz
4 EL Öl
2 Lorbeerblätter
2 TL getrockneter Thymian
75 g Butter
60 g Mehl
1 l Milch
1 EL Brühe (Instant)
Salz, Pfeffer
200 g Champignons
4 Tomaten
100 g Fetakäse
9 bis 12 Lasagneplatten
3 bis 4 Stiele Thymian

Pilze putzen und eventuell waschen, in ca. 5 mm dicke Scheiben schneiden. 1 EL Öl in der Pfanne erhitzen und die Champignons darin anbraten. Herausnehmen, mit Salz und Pfeffer würzen und beiseite stellen.

Gyros in dem Bratfett drei bis vier Minuten kräftig braten. Tomaten waschen, putzen und in dünne Scheiben schneiden. Käse würfeln.
Etwas Soße in eine gefettete Auflaufform (ca. 16x26 cm) geben. Drei bis vier Lasagneplatten darauf legen. Gyros, Tomaten, Pilze und übrige Lasagneplatten abwechselnd mit Soße einschichten. Mit Nudelplatten und Soße abschließen. Käse darüber verteilen.
Thymian waschen, von den Stielen zupfen und auf die Lasagne streuen.
Im Backofen (E-Herd: 200 Grad, Gas: Stufe 3, Umluft: 180 Grad) ca. 45 Minuten goldbraun backen.
Als Beilage: Salat.

Von Martin Bögle,
Frickenhausen

Heißer Ofen

Zutaten:
500 g Schweinefilet
1 Knoblauchzehe
4 geschälte große Tomaten (oder 1 Dose)
2 Zwiebeln
1 grüne Paprikaschote
300 g Zucchini
Salz, Pfeffer
Basilikum
Zucker
Butterschmalz
100 g Parmesan
200 g Gouda
1 Becher Crème fraîche

Von Rosi Baumann-Schuler, Kißlegg

Die Zwiebeln in dünne Scheiben hobeln, die Paprika in Streifen schneiden und die Zucchini in dünne Scheiben schneiden. Butterschmalz erhitzen, zuerst Zwiebeln glasig dünsten, dann Paprika und Zucchini zugeben, so lange schmoren, bis die Flüssigkeit verdampft ist.
Filet in 1 cm dicke Medaillons schneiden. Butterschmalz erhitzen und Medaillons auf beiden Seiten kurz anbraten. Mit Salz und Pfeffer würzen.
Knoblauch schälen, durchpressen und in Butterschmalz andünsten. Die Tomaten zugeben. Bei mittlerer Hitze im offenen flachen Topf ebenfalls schmoren, bis die Flüssigkeit vollständig verdampft ist. Das Tomatenpüree mit Basilikum, Salz, Pfeffer und etwas Zucker würzen.
Macht man es in dieser Reihenfolge, braucht man nur eine Pfanne und kann alles nacheinander in die Auflaufform schichten.
Das Gemüse in einer großen, flachen Auflaufform verteilen, die Medaillons darauf verteilen und das Tomatenpüree gleichmäßig darüber geben. Parmesan und Crème fraîche mischen und kleine Kleckse über dem Tomatenpüree verteilen. Gouda über alles streuen und bei 200 Grad 20 Minuten überbacken.
Tipp: Eignet sich auch für viele Personen. Lässt sich gut vorbereiten.

Hirtensteak

Zutaten:
Schweineschnitzel
Salz, Pfeffer
Majoran

Belag:
1 EL klein gewürfelte Zwiebel
1 EL klein gewürfelte Essiggurken
1 EL klein gewürfelte, eingelegte rote Paprika
Schaschlik oder Zigeunersoße
Butterschmalz

Schweineschnitzel leicht klopfen, mit Salz, Pfeffer und Majoran würzen. In heißem Butterschmalz anbraten, wenden. Einen Löffel Zwiebel, Essiggurken und Paprika auf die Schnitzel geben. Ein wenig Schaschlik- oder Zigeunersoße über den Belag geben und fertig braten. Das fertige Schnitzel auf einer Scheibe Brot anrichten. Man kann auch Sahne und Schaschlik- oder Zigeunersoße zu dem Schnitzel in die Pfanne geben und eine Soße machen.
Als Beilage Reis oder Salzkartoffeln.

Tipp: Wer es schärfer liebt, nimmt von der Soße und dem Belag etwas mehr.

Von Anni Eller,
Wessobrunn
Bilder: Angela Beutel

Kartoffel-Zucchini-Auflauf mit Schweinefilet

Zutaten:
600 g Schweinefilet
500 g mehlige Kartoffeln
500 g Zucchini
Salz, Pfeffer
1 Packung Soßenpulver für Zwiebel-Rahm-Schnitzel
250 g Sahne
50 g geriebener Käse
1/2 Bund Petersilie

Kartoffeln waschen und schälen. Zucchini putzen. Kartoffeln in ca. 2 mm, Zucchini in ca. 3 mm dicke Scheiben schneiden.
Kartoffel- und Zucchinischeiben sowie Fleisch abwechselnd in eine Auflaufform schichten. Mit Salz und Pfeffer würzen.
Das Soßenpulver mit Sahne und Käse verrühren und darüber verteilen.
Auflauf im vorgeheizten Ofen auf der unteren Schiene bei 200 Grad ca. 50 Minuten goldbraun backen.
Die Petersilie fein hacken. Vor dem Servieren auf den Auflauf streuen.

Von Maria Rudhart,
Leutkirch
Bild: Ulrike Finkenzeller

Kastenbraten

Zutaten:
5 Schweineschnitzel
Salz, Pfeffer, Paprika
10 dünne Wammerl-scheiben
10 Scheiben Käse
(Gouda oder Emmentaler)

Schnitzel halbieren. Fleisch würzen, abwechselnd Fleisch, Wammerl, Käse in ein Kar (beispielsweise Stollenform) schichten. Scheiben dicht aneinander legen.
Bei 180 Grad ca. 1 bis 1,5 Stunden im Rohr braten.
Beilagen: Salat, Spätzle und Weißbrot.

Tipp: Schmeckt auch kalt hervorragend.

Von Rosi Reichenbach (Bild), Untrasried und Barbara Rößle, Marktoberdorf

Kotelett mit Kräuterpilzen in Alufolie

Zutaten:
4 ausgelöste Koteletts
Salz, Pfeffer
1 TL Kräuterbutter
1 kleine Zwiebel
1 Dose Pilze
1 Karotte
1 Stück Sellerie
1 Stück Lauch
Petersilie

Alufolie ölen, Fleisch mit Salz und Pfeffer würzen, auf die Folie geben. Zwiebel und Pilze in Kräuterbutter andünsten, übrige Zutaten klein schneiden und zugeben, auf die Koteletts geben. Folie zufalzen. Auf Backblech bei 200 Grad ca. 45 Minuten backen.
Folie aufmachen und Fleisch noch kurz bräunen.
Gutes Gelingen.

Von Rosi Reichenbach,
Untrasried

Lende herzhaft

Zutaten:
2 Schweinelenden
2 Becher Sahne
2 Becher Joghurt
Fondor
2 EL Speisestärke
2 Becher Crème fraîche
rohes Wammerl
1 gehackte Zwiebel

Lende in 3 cm dicke Scheiben schneiden und mit rohem Wammerl umwickeln. In eine feuerfeste Form (Kar), die eingefettet ist, setzen. Fein gehackte Zwiebel darüber streuen. Fleisch ca. 30 bis 40 Minuten bei ca. 180 Grad backen. Die Soße aus Sahne, Joghurt, Crème fraîche, Fondor und Speisestärke herstellen und darüber geben. Nun noch etwa 15 bis 20 Minuten backen, bis es Farbe bekommt.
Dazu passen: Gemüse, Salate, Salzkartoffeln oder Spätzle.

Von Hildegard Breher,
Buchenberg

Nackensteak mit Kartoffelkruste

Zutaten für 8 Personen:
8 Schweine-Nackensteaks
Salz, Pfeffer
500 g Kartoffeln
1 Ei
2 EL Mehl
etwas Muskat
Salz, Pfeffer
400 g Schmand (oder je 200 g saure Sahne und 200 g Crème fraîche)
200 g geriebener Gouda

Steaks unter kaltem 'Wasser abbrausen, trocken tupfen und mit den Gewürzen würzen. Öl in einer Pfanne erhitzen und die Steaks kurz von beiden Seiten anbraten.
Kartoffeln waschen, dämpfen, auskühlen lassen, schälen und in eine Schüssel reiben. Ei und Mehl zugeben und würzen. Mit Schmand und Käse gut durchmischen. Steaks in der Form verteilen (Auflaufform oder Backblech). Wenn das Fleisch roh verwendet wird, bitte flach klopfen, bevor es in die Form gelegt wird.
Die Kartoffelmasse auf das Fleisch streichen. Bei 200 Grad Heißluft im vorgeheizten Backofen ca. 45 Minuten backen.

Von Doris Felder,
Röthenbach

Pancit (philippinisch)

Zutaten:
500 g Schweineschnitzel
2 Hühnerbrüste, gekocht
1 kleiner Kopf Weißkraut
6 Zehen Knoblauch
1 Zwiebel
2 bis 3 Karotten
1 EL Öl
250 g Spaghetti
Worcestersoße
Salz, Pfeffer

Spaghetti in 4 bis 5 cm lange Stücke brechen und kochen.
Zwiebel und Knoblauch in Öl andünsten, Fleisch in kleine Würfel geschnitten dazu, Kraut ganz fein gehobelt und Karotten in kleine Stücke geschnitten auch dazugeben.
Mit einem Schuss Fleischsuppe aufgießen.
Eine Stunde kochen. Ein Schuss Worcestersoße hinzufügen. Mit Salz und Pfeffer abschmecken. Spaghetti darunter heben und durchmischen.

Von Hilde Eckel,
Christertshofen

Paprika-Rahmschnitzel

Zutaten:
4 Schweineschnitzel
200 g rote Paprika
250 ml Sahne
1 Päckchen Gewürzmischung für Paprika-Rahmschnitzel

Schnitzel mit Salz und Pfeffer würzen, in einer Pfanne auf beiden Seiten kurz anbraten, mit einer kleinen Tasse Wasser aufgießen.
Schnitzel in eine Auflaufform legen, Paprika in feine Streifen schneiden und darüber verteilen.
Gewürzmischung in die Sahne einrühren, unter den Pfannenaufguss geben und zusammen über die Schnitzel gießen.
Im vorgeheizten Backofen auf 175 Grad ca. 30 Minuten überbacken.
Dazu serviert man Reis oder Spätzle.

Tipp: Schmeckt auch gut mit kleinen Rindersteaks.

Von Marianne Bufler,
Leutkirch

Paprikaröllchen

Zutaten:
6 Schweinerouladen
3 bunte Paprikaschoten
3 Zwiebeln
6 TL Paprikamark
Salz, Pfeffer
4 EL Öl
1/8 l Instant-Brühe
1 Becher Schmand
1 gestrichener EL Mehl
1 TL Paprikapulver, scharf
1/2 TL Zitronenschale
2 TL Zitronensaft
1 TL Zucker

Von Karin Schupp, Bodnegg
Bild: Andrea Wiedemann

Paprika in Streifen hobeln, Zwiebeln in halbe Ringe. Rouladen würzen und mit Paprikamark bestreichen, die Hälfte der Paprikastreifen und der Zwiebeln darauf verteilen, aufrollen und zustecken, in heißem Öl knusprig anbraten, mit Brühe ablöschen und zugedeckt 10 Minuten garen. Restliche Paprika und Zwiebeln zugeben, Schmand mit Mehl und Paprikapulver verquirlen und unterrühren, nochmals 20 bis 25 Minuten kochen lassen. Fertige Rouladen herausnehmen, Soße mit Zitronenschale und Zitronensaft, Pfeffer, Salz und Zucker abschmecken.

Tipp: Dazu passen Spätzle oder Kroketten und Salat.

Pariser Schnitzel

Zutaten:
4 Schweineschnitzel
Salz, Pfeffer
150 g gemischtes Hackfleisch
150 g Brät
1 Ei
1/2 Zwiebel
4 EL Semmelbrösel
Salz, Pfeffer, Muskat
100 g Emmentaler
100 ml Sahne

Ein tiefes Backblech mit Alufolie auslegen. Die Folie mit Öl einfetten. Die gewürzten Schnitzel darauf legen. Den zubereiteten Hackfleischteig auf die Schnitzel verteilen. Den feingeriebenen Emmentaler mit der Sahne mischen und auf die Hackfleischmasse geben. Zum Schluss noch etwas Semmelbrösel auf die Käsemasse geben. Die Schnitzel 45 Minuten bei 200 Grad und anschließend noch 15 Minuten bei 150 Grad im Backofen garen.

Tipp: Dieses Rezept eignet sich sehr gut, wenn Gäste kommen. Es können bis zu 12 Schnitzel auf einem Backblech zubereitet werden. Dazu reicht man Kartoffelsalat oder Pommes frites und gemischten Salat.

Von Rita Sauter,
Legau

Pikante Blätterteigrollen

Zutaten für 6 Personen:
250 g Hinterschinken
100 g Salami
500 g Blätterteig
4 säuerliche Äpfel
250 g Bergkäse
4 Tomaten
1 Bund Schnittlauch
Oregano
1 Ei
Salz, Pfeffer

Die Hälfte des Blätterteiges auf Backblechgröße auswallen. Blech mit Backpapier belegen und den Teig darauf legen. Nun den Teig auf einer Hälfte mit einer Lage Schinken, Äpfel, Käse, Salami, Tomaten, wenig!!! Salz, Pfeffer, Schnittlauch und Oregano belegen. Alles für eine zweite Lage wiederholen.

Teigrand mit Eiweiß bestreichen und leere Teigseite auf den Belag legen, Ränder gut festdrücken. Rolle mit Eigelb bestreichen.

Zweite Rolle genauso herstellen und daneben legen.

Backofen vorheizen – Umluft 200 Grad, Ober-/ Unterhitze 220 Grad und 30 Minuten backen.

Von Monika von Bischoffshausen, Benningen

Pikante Gyros-Suppe

Zutaten:
1 kg Schweineschnitzel
1 bis 2 Knoblauchzehen
5 EL Öl
1 EL Gyros Gewürzsalz
200 g Sahne
2 Zwiebeln
4 große Paprikaschoten
1 EL Butter
1 Beutel Zwiebelsuppe
8 EL Zigeuner- oder Chilisoße
100 g Sahne-Schmelzkäse
1/2 TL Thymian
Salz, weißer Pfeffer

Fleisch in feine Streifen schneiden, Knoblauch hacken und beides mit Öl und Gyros-Gewürzsalz verrühren. Zugedeckt zwei bis drei Stunden kalt stellen. Fleisch in Würzöl portionsweise ca. 10 Minuten kräftig anbraten. Abkühlen lassen und die Sahne darüber gießen und Gyros zugedeckt über Nacht kalt stellen.
Zwiebeln in Ringe, Paprika in Streifen schneiden und in Fett andünsten.
Mit 1 1/4 l Wasser ablöschen, aufkochen lassen und das Suppenpulver einrühren, Zigeuner- bzw. Chilisoße, Käse und Thymian einrühren. Ca. 10 Minuten köcheln lassen. Gyros in Suppe geben und alles nochmals gut durchkochen lassen und mit Salz und Pfeffer abschmecken. Dazu wird Baguette gereicht.

Von Sylvia Müller, Helchenried

Schaschliktopf

Zutaten:
10 Schweineschnitzel
500 g Wammerl
etwas Fett
5 Zwiebeln
2 große rote Paprika
2 große grüne Paprika
2 große gelbe Paprika
1 Glas Essiggurken
3 Gläser Schaschliksoße
(je 250 ml)
Salz, Pfeffer
Paprikapulver

Zuerst das Schnitzelfleisch in Würfel schneiden und mit Salz, Pfeffer und Paprika würzen. Das Wammerl klein schneiden und zusammen mit dem Fleisch portionsweise in einem Topf von allen Seiten gut anbraten.
Die Zwiebeln vierteln und die einzelnen »Schalen« voneinander trennen. Die Paprika vierteln, entkernen, waschen und in Streifen schneiden. Die Essiggurken klein schneiden und mit den Zwiebeln und dem Paprika zum Fleisch geben. Die Schaschliksoße unterrühren und das Ganze bei schwacher Hitze ca. 30 bis 45 Minuten lang köcheln lassen.

Tipp: Spätzle, Kartoffeln, Reis, Nudeln oder Baguette und Salate.

Von Stefanie Brack,
Bernbeuren

Schinken in Teigtaschen

Zutaten:
200 g Schnitzelfleisch
100 g gekochter Schinken
2 bis 3 EL Schnittlauch
5 EL Sahnequark
2 EL Ketchup
Salz, Pfeffer, Paprika
1 Packung Blätterteig
1 Eigelb
2 EL Milch

Fleisch und Schinken klein würfeln, Schnittlauch klein schneiden. Fleisch kurz anbraten, Quark und Ketchup verrühren, mit Gewürzen pikant abschmecken. Fleisch und Schinken und Schnittlauch unterheben.
Blätterteig nach Anweisung ausrollen, ca. 10 bis 12 cm große Quadrate ausschneiden. Fleisch-Schinkenmasse auf eine Ecke verteilen. Andere Hälfte darüber klappen. Mit Gabel die Ränder der Dreiecke fest andrücken. Ei mit Milch verquirlen und die Dreiecke bestreichen. Backblech mit kaltem Wasser abspülen, Taschen darauf legen, bei 220 Grad 20 Minuten backen.

Tipp: Schmeckt gut, geht schnell, das will jede Hausfrau!

Von Cilli Herb,
Thalhofen
Bild: Ulrike Finkenzeller

Schmetterlingssteak

Zutaten:
4 Schweine-Schmetterlingssteaks (je 120 g)
Salz
1 große Zwiebel
200 g Cocktailtomaten
2 Zweige Salbei
1 EL Tomatenmark
1 Kugel Mozzarella
frisch gemahlener weißer Pfeffer
4 EL Olivenöl
2 Knoblauchzehen
200 g Champignons
1 TL Zucker
3 EL Balsamico Bianco
2 EL Butter

Den Backofen auf 80 Grad vorheizen. Die Schweinesteaks waschen, trocken tupfen und mit Salz und Pfeffer würzen. 2 EL Olivenöl in einer hitzebeständigen Pfanne erhitzen. Die Steaks darin auf beiden Seiten kurz anbräunen, dann in den Ofen schieben und 20 Minuten garen.
Inzwischen die Zwiebel schälen und in kleine Würfel schneiden. Den Knoblauch durch die Presse drücken. Die Tomaten waschen, entstielen und halbieren. Die Champignons mit Küchenpapier trocken abreiben. Salbei abbrausen, trocken schütteln und die Blätter von den Zweigen zupfen.
Übriges Olivenöl in einem Topf erhitzen. Die Zwiebel und den Knoblauch darin kurz andünsten. Dann Tomaten und Pilze dazugeben, den Zucker darüber streuen und karamellisieren lassen. Das Tomatenmark untermischen und alles zwei bis drei Minuten sanft köcheln lassen.
Die Pfanne mit den Steaks aus dem Backofen nehmen und den Grill des Ofens vorheizen. Das Gemüse mit Essig, Salz und Pfeffer abschmecken und auf den Steaks verteilen. Den Mozzarella in dünne Scheiben schneiden und Gemüse und Fleisch damit bedecken. Im Ofen etwa drei Minuten goldbraun gratinieren.

Von Romina Sinner, Wolfertschwenden

Schnelle Reste-Küche

Zutaten:
Rest von Kotelett, Schnitzel, Schweinebraten etc.
500 g Pellkartoffeln vom Vortag
2 EL Schinken-Speck-Würfel
1 EL Butterschmalz
2 Eier
3 EL Milch
1 EL Reibekäse
2 EL Butterflocken
Salz, Pfeffer
Kräuter nach Wahl

Kartoffeln schälen, in Scheiben schneiden und in erhitzter Pfanne mit Schmalz, Speckwürfel kurz anrösten, würzen und in feuerfeste Form geben. Dazwischen die Reste vom Fleisch geben, Eiermilch darüber gießen und 15 bis 20 Minuten backen. In den letzten fünf Minuten Butter und Reibekäse darüber geben. Oberhitze einschalten. Mit Schnittlauch oder Kräuter garnieren. Mit Salat nach Jahreszeit servieren.

Tipp: Auch mit Nudeln schnell gemacht.

Von Rosa Erd,
Nesselwang

Schnitzel »Budapest« mit Pfeffersoße

Zutaten:
4 Schweineschnitzel
(je 200 g)
Salz, Pfeffer
2 EL Butterschmalz
1 kleines Glas eingelegter
grüner Pfeffer
150 ml Fleischbrühe

Schnitzel salzen, pfeffern und im heißen Butterschmalz von beiden Seiten braten. Herausnehmen und warm stellen.

Bratensatz mit der Brühe loskochen, eingelegten Pfeffer abtropfen lassen und zufügen. Die Schnitzel in die Soße geben und dort zwei bis drei Minuten ziehen lassen. Dazu passen Bandnudeln.

Tipp: Wer gerne etwas mehr Soße hätte, nimmt die doppelte Menge der Brühe zum Loskochen und dickt die Soße leicht an.

Von Silvia Frey,
Ottobeuren

Schnitzel in Alufolie

Zutaten:
4 Schnitzel
300 g Champignons
1 Zwiebel
20 g Butter
2 Paprikaschoten
4 Scheiben Schinken
4 Scheiben Käse
Knoblauchpulver
Paprikapulver
Salz, Pfeffer

Die Schnitzel würzen, Champignons, Zwiebel und Paprika klein schneiden, in Fett etwas andünsten. Vier Alufolien einfetten, die Schnitzel darauf legen, dann das angedünstete Gemüse darauf geben. Zum Schluss Schinken und Käse darauf verteilen. Mit etwas Knoblauchpulver würzen. Die Alufolie schließen und im Backofen bei 200 Grad ca. 30 Minuten backen.
Tipp: Lässt sich gut vorbereiten, wenn Gäste kommen.

Von Anni Demmeler,
Boos

Schnitzel nach Gärtnerinnen-Art

Zutaten:
4 Schnitzel
Salz, Pfeffer
2 EL Butter
500 g Karotten
250 g frische Champignons
250 g frische Spargelabschnitte (oder Glas)
200 ml süße Sahne

Schnitzel mit Salz und Pfeffer einreiben. Karotten stifteln, Champignons in Scheiben schneiden und Spargel vorher garen.
Vier große Alufolienquadrate in der Mitte buttern, die Fleischstücke darauf legen, das Gemüse darüber verteilen und die Folienkanten nach oben ziehen.
Jede Portion salzen und pfeffern, mit Butterflöckchen belegen und mit etwas Sahne übergießen. Die Folie gut verschließen.
Die Folienpäckchen auf den Bratenrost legen und im vorgeheizten Ofen bei 200 Grad etwa 45 bis 50 Minuten garen.
Folie nach außen krempeln und servieren.

Tipp: Dazu schmeckt Kartoffelpüree.

Von Manuela Rist,
Weitnau

Schnitzel-Pizza

Zutaten:
6 Schweineschnitzel
3 Gemüsezwiebeln
1 Stange Lauch
4 große Tomaten
1 Dose Champignons
Petersilie
Schnittlauch
Salz, Pfeffer
500 g Hackfleisch
12 Scheiben Gouda
2 Becher Sahne
1 Päckchen Pfeffersoße
1 Päckchen Rahmsoße

Zwiebeln in Ringe schneiden. Eine gefettete Fettpfanne damit auslegen. Lauch in Ringe, Tomaten in Scheiben schneiden. Kräuter klein schneiden. Schnitzel würzen und auf die Zwiebeln legen, Hackfleisch darauf verteilen. Mit Lauch, Tomaten, Hälfte Kräuter und Pilze belegen. Alles mit Käse bedecken und im vorgeheizten Backofen bei 225 Grad ca. 45 Minuten backen. Sahne mit Soßenpulver verrühren und 10 Minuten vor Ende der Garzeit über die Schnitzel gießen. Mit restlichen Kräutern bestreuen.

Von Anita Fischer,
Sontheim

Schweinefilet – italienisch

Zutaten:
500 g Schweinefilet
250 g Tomaten
250 g Champignons
200 g gekochter Schinken
1 Knoblauchzehe
1 Bund Kräuter
saure Sahne
2 EL Tomatenketchup
Thymian, Rosmarin
Salbei, Pfeffer

Das Schweinefilet in dünne Scheiben schneiden, salzen und pfeffern. Tomaten in Scheiben schneiden und mit den geviertelten Champignons mischen. Eine Auflaufform mit Schinken auslegen. Darauf lagenweise Schweinefilet und Tomaten-Pilzmischung füllen. Mit einer Schicht Schinken abdecken. Die saure Sahne mit der gepressten Knoblauchzehe, dem Tomatenketchup und den Kräutern vermischen und darüber gießen. In der geschlossenen Auflaufform bei 200 Grad ca. eine Stunde bis 70 Minuten garen.

Variation mit Käse: Zwei Eigelbe verquirlen, mit 1/2 Tasse geriebenem Käse vermischen. Die Masse als oberste Schicht auf den Schinken füllen.
Tipp: Reichlich mit Petersilie bestreuen.

Von Cordula Schrägle,
Geisenried

Schweinefilet mit Käsesoße

Zutaten:
1 Schweinefilet
1 Zwiebel
100 g Pilze
125 g Schinken
1 Päckchen holländische Soße
200 g Sahne
2 große Ecken Sahne-Schmelzkäse
Salz, Pfeffer
Kräuter

Schweinefilet in Scheiben schneiden. Mit Salz und Pfeffer würzen und auf beiden Seiten in etwas Butter anbraten.
Für die Käsesoße, Zwiebel würfeln und in etwas Butter glasig dünsten. Die zerkleinerten Pilze und den gewürfelten Schinken dazugeben und einige Zeit andünsten. Salzen und pfeffern. In einem extra Topf die holländische Soße nach Vorschrift zubereiten. Dann die Sahne zugießen, den Schmelzkäse zerkleinern, zugeben und unter Rühren schmelzen lassen. Das Schinken-Zwiebel-Pilz-Gemisch zu der Soße geben, noch einige Zeit leicht köcheln lassen und mit Salz, Pfeffer und Kräutern abschmecken.
Zu diesem Gericht schmecken Kroketten und grüner Salat sehr gut.
Tipp: Die Soße schmeckt auch gut zu Brokkoli oder als fleischloses Gericht zu Penne Nudeln.

Von Manuela Welz,
Stöttwang

Schweinefleisch-Gemüse-Gratin

Zutaten:
200 g Schweinefleisch
2 EL Butterschmalz
Salz, Pfeffer
Muskatnuss
250 g Karotten
250 g Champignons
500 g Kartoffeln
100 g Butterkäse
1 Becher Sahne
2 Eier

Butterschmalz in einer Pfanne erhitzen. Fleisch klein schneiden und kräftig anbraten und fünf Minuten weiterbraten. Herausnehmen, mit Salz und Pfeffer würzen und etwas ruhen lassen. Backofen auf 200 Grad vorheizen. Karotten, Kartoffel und Champignons in dünne Scheiben schneiden, Käse fein reiben. Sahne und Eier verrühren, mit Salz, Pfeffer und Muskat würzen. 3/4 Käse dazugeben, Gemüse und Fleisch in eine feuerfeste Form schichten. Eiermilch darüber gießen und mit Alufolie abdecken. Auflauf im vorgeheizten Backofen eine Stunde backen, Folie 20 Minuten vor Ende der Backzeit abnehmen und den Auflauf mit dem restlichen Käse bestreuen.

Von Annette Neher,
Friesenried

Schweinefleisch mit Weißkraut

Zutaten:
750 g Schweinefleisch
1 kg Weißkraut
2 Karotten
4 Kartoffeln
1 Zwiebel
50 g Fett
Salz, Pfeffer
Muskat
2/3 l Bouillon

Weißkraut in feine Stücke schneiden. Kartoffeln in Würfel schneiden, Karotten in Scheiben schneiden. Fleisch in kleine Würfel schneiden. Schnell das Fleisch in heißem Fett andünsten. Die fein geschnittenen Zwiebelwürfel dazugeben. Danach das vorbereitete Gemüse dazugeben. Mit Bouillon auffüllen. Ca. 45 Minuten garen.

Tipp: Jede Hausfrau liebt schnelle Gerichte. Dieses ist dazu auch noch lecker.

Von Andrea Martin,
Stöttwang
Bild: Sylvia Weixler

Schweinegulasch-Eintopf

Zutaten:
Schweinefleisch
3 bis 6 Kartoffeln
7 gemischte Paprika
Essiggurken
1/2 Glas eingelegte Essigzucchini
1 Glas Champignon
Zwiebeln
Karotten
Petersilie und Schnittlauch
4 EL Mehl
Fett
scharfer Senf
3 TL Fleischbrühe
Majoran
Salz, Pfeffer
Gartenkräuter

Wenn es schnell gehen soll: Schweinegulasch mundgerecht geschnitten in einem Topf mit Fett gut anbraten. Dazu die gewürfelten Kartoffelstücke, die Paprika, Essiggurken, Zucchini, Champignons und Zwiebeln hineingeben und mitbraten. Über den Eintopf etwas Mehl dazugeben und unterrühren für eine Soße (Schwitze). Mit Wasser ablöschen. Gewürze, Fleischbrühe, Majoran, Kräuterlinge je 1 Stück dazugeben und aufkochen lassen. Bei mittlerer oder kleinster Stufe das Schweinegulasch ca. eine Stunde kochen lassen, so dass das Schweinefleisch schön weich wird.

Abänderung: Man kann das Gulasch zuerst anbraten und ca. eine Stunde lang kochen lassen. Nach 45 Minuten die angerösteten Zutaten dazugeben. So bleibt das Gemüse schön knackig und wird nicht zu weich.

Tipp: Dazu schmeckt Reis ganz gut. Eventuell mit Knoblauch verfeinern.

Von Barbara Winter, Petersthal

Schweinegulasch »Hawaii«

Zutaten:
1 kg Schweinefleisch
3 Zwiebeln
1 Dose Champignon
1 Packung passierte Tomaten
1 Dose Ananas
1 Becher Sahne
Mehl zum Stäuben
Salz, Pfeffer
Paprika,
Zucker
Cayennepfeffer
Curry
Gekörnte Brühe

Gulasch in 1 1/2 cm große Würfel, Zwiebeln und Ananas in kleine Würfel schneiden. Fleisch und Zwiebeln in einer großen hohen Pfanne anbraten, mit Mehl bestäuben und die Ananas und Pilze mit dem Saft dazugeben sowie die passierten Tomaten.
Je nach Geschmack mit den Gewürzen abschmecken.
Zum Schluss die Sahne dazugeben, nicht aufkochen. Eventuell noch etwas nachwürzen.

Tipp: Als Beilage eignen sich besonders gut Reis und Teigwaren aller Art. Dies ist ein Gericht, das meine Mutter immer kochte.
Schön scharf, mit französischem Weißbrot, als Partygericht geeignet.

Von Margit Zeller,
Bolsterlang
Bild: Ulrike Stetter

Schweinekotelett im Käsemantel

Zutaten:
4 bis 6 Koteletts
150 g gekochter Schinken
Salz, Pfeffer
1/2 TL Pfeffer
1/2 TL Kümmel
2 EL Öl
40 g Margarine
40 g Mehl
1/2 l Milch
Salz, Muskat
60 g geriebener Emmentaler
4 bis 6 Scheiben Emmentaler

In jedes Kotelett eine Tasche schneiden, mit Salz und Pfeffer würzen. Die Taschen mit klein gewürfeltem Schinken füllen und mit Rouladennadeln zustecken.

Mit klein gehacktem Kümmel einreiben und in heißem Öl auf beiden Seiten etwa 10 Minuten anbraten.

Mit Margarine und Mehl eine helle Einbrenne herstellen, 1/2 l Milch aufgießen. Mit Salz und Muskat abschmecken und den geriebenen Käse zugeben.

Die Soße in eine gefettete, feuerfeste Form füllen, die Koteletts hineinlegen und auf jedes Kotelett eine Scheibe Emmentaler legen.

Bei ca. 200 Grad überbacken, bis der Käse schmilzt.

Tipp: Es können auch Schweineschnitzel verwendet werden.

Von Gertrud Schaumann, Breitenbrunn

Schweinelende in Senfkruste

Zutaten:
1 Schweinelende
4 EL Öl
Salz, Pfeffer
Knoblauchsalz
150 g Bauernbrot
4 TL scharfer Senf

Soße:
200 g Sahne
1 bis 2 EL Soßenbinder
2 TL Senf

Öl in einer Pfanne erhitzen und das Fleisch rundherum anbraten. Mit Salz, Pfeffer und Knoblauchsalz würzen.
Vom Brot die Rinde abschneiden, Brot würfeln. Brot zufügen und alles pürieren. Senfmasse auf dem Fleisch verteilen.
Im vorgeheizten Backofen bei 200 Grad ca. 45 Minuten braten.
Bratfett mit ca. 1/8 l Wasser ablöschen und mit Sahne aufkochen. Soßenbinder einstreuen und mit Senf abschmecken.

Von Rita Wiedemann,
Breitenbrunn

Schweinemedaillons in Paprikarahmsoße

Zutaten:
500 g Schweinemedaillon
Salz, Pfeffer
Paprika, Knoblauch
2 Zwiebeln
Petersilie
1 rote Paprikaschote
1 grüne Paprikaschote
1 gelbe Paprikaschote
1/4 l Brühe
1 Becher Sahne
2 EL Mehl
1 EL Butter

Filet in der Pfanne von beiden Seiten anbraten. Mit Salz und Pfeffer würzen und zur Seite stellen. Zwiebeln und Paprika in Ringe schneiden und im Bratenfett andünsten, mit Paprika würzen. Fleischbrühe und Sahne dazugeben, ca. 10 Minuten schmoren. Soße mit in Wasser angerührtem Mehl anbinden. Mit Salz und Knoblauchpulver abschmecken. Medaillons mit Soße anrichten.

Von Michaela Epple, Leuterschach
Bild: Sabine Bitter

Schweineschnitzel in Rotwein-Soße

Zutaten:
4 Schweineschnitzel
1/2 l Rotwein (trocken)
1 Lorbeerblatt
5 Pfefferkörner
2 Wacholderbeeren
1 TL Rosmarin
Salz, Pfeffer
Mehl
1 Prise Zucker
Bratfett
100 ml süße Sahne

Den Rotwein, das Lorbeerblatt, die Pfefferkörner, die Wacholderbeeren und den Rosmarin in einem Topf zum Kochen bringen, die Temperatur reduzieren und bei geschlossenem Deckel ca. 30 Minuten ziehen lassen. Die Schnitzel mit Salz und Pfeffer würzen und in Mehl wenden. Fett in einer Pfanne erhitzen und die Schnitzel darin von beiden Seiten hellbraun anbraten. Wenn die Schnitzel die gewünschte Farbe haben, den gewürzten Rotwein dazugießen und das Ganze bei geringer Hitze und geschlossenem Deckel ca. 10 bis 15 Minuten schmoren lassen. Mit Zucker, Salz und Pfeffer abschmecken. Kurz vor dem Servieren die Sahne in die Soße einrühren.
Tipp: Dazu schmecken bestens Spätzle und gekochtes Blaukraut.

Von Stefani Keck, Oberstaufen

Schweineschnitzel-Pfanne

Zutaten:
1 kg Schnitzel
300 g Zwiebeln
300 g Vorderschinken
350 g Champignons
300 g Sahne
250 g Crème fraîche
250 g Schmand
6 Eier
Salz, Pfeffer
Paprika nach Geschmack
3 EL Kräuter
Mehl zum Wenden

Schnitzel in Mehl und drei Eier wenden, anbraten. Zwiebeln in Ringe schneiden, glasig dünsten. Champignons in Scheiben schneiden und Schinken klein schneiden, danach auch andünsten. Sahne, Crème fraîche, Schmand, drei Eier und Kräuter gut mischen und abschmecken. Schnitzel, Zwiebeln, Champignons und Schinken in Auflaufform schichten. Zum Schluss mit Rahmflüssigkeit übergießen. 24 Stunden kalt stellen.
Am nächsten Tag bei 200 Grad 1 bis 1 1/2 Stunde backen.
Dazu Salate der Saison und Spätzle reichen.

Von Stefanie Herz,
Ermengerst
Bilder: Gabi Striegl

Tipp: Da die Schnitzelpfanne 24 Stunden kalt stehen muss, habe ich, wenn Gäste kommen, keine Vorbereitungszeit.

Speckpfannkuchen

Zutaten:
250 g Mehl
2 Eier
1/2 l Milch
Salz, Pfeffer
150 g durchwachsener Speck
Bratenfett

Mehl in eine Schüssel sieben, in die Mitte eine kleine Vertiefung eindrücken. Eier und etwas Milch miteinander verrühren, in die Vertiefung geben und mit dem Mehl verrühren. Nach und nach die restliche Milch dazurühren und mit Salz und etwas Pfeffer einen glatten Teig anrühren. Den Speck in hauchdünne Streifen schneiden. Wenig Fett oder Öl in der Eisenpfanne zerlassen, einige Streifen anbraten, eine Schöpfkelle Teig darüber gießen und den Pfannkuchen von beiden Seiten goldbraun braten.
Je nach Jahreszeit kann auch frischer Schnittlauch oder Zwiebelrohr unter den Teig gemischt werden.
Dazu grünen Salat reichen.

Tipp: Wem der durchwachsene Speck zu fett ist, kann auch Schinken oder Kasseler nehmen.

Von Monika Fluhr,
Bad Wurzach
Bild: Brigitte Wiedemann

Steak nach Försterin-Art

Zutaten:
4 Steaks oder Schnitzel
40 g Butter
Salz
250 g Pilze
1 Zwiebel
200 g magerer gekochter Schinken
200 g Sahne

Steaks in erhitzter Butter von jeder Seite drei Minuten braten. Salzen, pfeffern und warm halten.

In dem Bratfett die geputzten, klein geschnittenen Pilze und die gehackten Zwiebel andünsten, die gewürfelten Schinkenwürfel zufügen und die flüssige Sahne unterrühren. Etwas einkochen lassen, eventuell mit wenig Salz und Pfeffer würzen. Das Ganze über die Steaks verteilen.

Tipp: Dazu schmecken Kroketten, mit Preiselbeeren gefüllte, gedünstete Birnen und grüner Salat.

Von Ingrid Ellenrieder,
Oberbeuren
Bild: Gabi Striegl

Überbackene Filetpfanne

Zutaten:
600 g Schweinefilet
Salz, Pfeffer
Steakgewürz
2 EL Öl
500 g Brokkoli
250 g Bandnudeln
4 Tomaten
75 g Blauschimmelkäse
250 ml Brühe
200 ml Milch
4 EL Sahne
1 EL Mehl
20 g Butter
50 g geriebener Gouda

Filet in Scheiben schneiden, gut würzen und im erhitzten Öl an beiden Seiten anbraten. Brokkoli in Röschen teilen. Nudeln und Brokkoli in kochendem Salzwasser 10 Minuten garen. Tomaten in Spalten schneiden. Blauschimmelkäse würfeln, mit Brühe, Milch und Sahne aufkochen. Mehl und Fett verkneten, in Stückchen unterrühren, mit Salz und Pfeffer abschmecken. Nudeln und Brokkoli abgießen. Mit den Tomaten in eine feuerfeste, flache Form füllen, Filet darauf legen, mit der Soße übergießen und Gouda darüber streuen. Bei 200 Grad 15 bis 20 Minuten überbacken.

Von Eleonore Rauh, Memmingen
Bild: Sabine Bitter

Tipp: Kann super schon vorher vorbereitet werden, dann etwas länger überbacken.

Überbackenes Schweinefilet

Zutaten:
600 g Schweinefilet
dünne Scheiben
Schinkenspeck
400 g Zwiebel
1 EL Butter
1 bis 2 Becher
Crème fraîche
Senf, Salz
Pfeffer, Paprika
eventuell 1 Dose
Champignon

Schweinefilet in 2 cm dicke Scheiben schneiden, mit der Hand flach drücken und kurz von beiden Seiten anbraten. Mit sehr dünn geschnittenen Scheiben Schinkenspeck umwickeln und in eine gefettete Auflaufform schichten.

Soße: Zwiebeln in Ringe schneiden, in 1 EL Butter goldgelb braten. Crème fraîche unter die Zwiebeln rühren und mit Senf, Salz, Pfeffer und Paprika abschmecken. Die Soße über das Fleisch streichen und ca. 45 Minuten bei 200 Grad überbacken.

Wahlweise 15 Minuten vor Ende der Garzeit 1 Dose Champignons darüber streuen und fertig backen.

Von Hildegard Geiger,
Pless

Zigeunerschnitzel

Zutaten:
4 Schweineschnitzel
Salz, Pfeffer
1 EL Majoran
1 EL geriebene Zitronenschale
1/2 Tasse Olivenöl
1 Zwiebel
1 rote Paprikaschote
1 grüne Paprikaschote
1 gelbe Paprikaschote
1/2 l Tomatensoße
1 Becher Sahne
200 g Mozzarella Käse

Die Schweineschnitzel mit Salz, Pfeffer, Majoran und Zitronenschale würzen. Das Olivenöl in einer Pfanne erhitzen und die Schnitzel darin braten, herausnehmen und in eine feuerfeste Form legen. Die Zwiebel hacken und im verbliebenen Bratfett glasig schwitzen. Entkernte und halbierte Paprikaschoten in Würfel schneiden, zu den Zwiebeln geben und kurz mitschwitzen. Mit der Tomatensoße und der Sahne auffüllen und einmal aufkochen lassen. Dann wird das Paprikagemüse auf die Schweineschnitzel verteilt und mit dem geschnittenen Mozzarella belegt. Im 180 bis 200 Grad vorgeheizten Backrohr so lange überbacken, bis der Käse zu schmelzen beginnt. Herausnehmen, garnieren und servieren.

Von Hedwig Diebolder, Frechenrieden

Zigeuner-Spätzle

Zutaten:
300 g Mehl
4 Eier
Salz, Muskat
Rosenpaprika
3 EL Mineralwasser
2 mittelgroße Zwiebeln
2 Knoblauchzehen
3 bunte Paprikaschoten
500 g Schweineschnitzel
2 EL Öl
500 g passierte Tomaten
1 EL klare Brühe
4 EL Curryketchup
Petersilie

Mehl, Eier, 1 TL Salz, Muskat und Mineralwasser zu einem glatten, dickflüssigen Teig verarbeiten. ein bis zwei Stunden ruhen lassen.
Zwiebeln schälen, würfeln. Paprika putzen, waschen und klein schneiden. Schnitzel abtupfen und in dünne Streifen schneiden.
Öl erhitzen, Fleisch darin anbraten, Knoblauch, Zwiebeln und Paprika ca. drei Minuten mitbraten. 1 bis 2 TL Mehl darin anschwitzen, Tomaten zufügen, aufkochen, Brühe einrühren. Alles ca. 15 Minuten köcheln lassen. Mit Ketchup, Salz und Rosenpaprika abschmecken.
Reichlich Salzwasser aufkochen. Spätzleteig ins Wasser schaben. Einmal aufkochen, herausnehmen, abschrecken und abtropfen lassen. Spätzle mit dem Geschnetzelten anrichten. Petersilie darüberstreuen.
Zubereitungszeit ca. 50 Minuten.

Von Andrea Brey, Böhen

Rind

Bulgogi

Zutaten:
1 kg Rindfleisch
2 EL Sherry
200 ml Cola
200 ml Sojasoße
2 TL Zucker
3 Knoblauchzehen
1 EL Sesamkörner
1 EL Sesamöl

Zuerst die Knoblauchzehen zerkleinern und mit den Sesamkörnern anrösten. Beides zusammen mit dem Sherry, dem Cola, der Sojasoße, dem Zucker und dem Sesamöl zu einer Marinade rühren.

Das Rindfleisch in Scheiben schneiden und diese mindestens 30 Minuten in die Marinade legen und durchziehen lassen.
Die Rindfleischscheiben in einer Pfanne oder auf einem Tischgrill zubereiten.

Tipp: Zu Rindfleisch biete ich gerne Spätzle an. Im Sommer natürlich mit vielen leckeren Salaten.
Bulgogi kann auch mit anderen Fleischsorten zubereitet werden.

Von Stefanie Jäger,
Böhen

Burgunderbraten

Zutaten:
1 kg Rinderhüfte
2 Karotten
1 Stange Lauch
2 Zwiebeln
1 TL Thymian
1 TL Pfefferkörner
2 Lorbeerblätter
5 Gewürznelken
1 Knoblauchzehe
1/2 l Rotwein
1/4 l Wasser
Salz oder Fleischwürze
3 EL Öl
1 EL Tomatenmark
1 EL Mehl

Das Fleisch wird gewaschen und trocken getupft. Das Gemüse waschen und etwas klein schneiden. Fleisch und Gemüse in eine Schüssel geben, die Gewürze hinzufügen und mit dem Wasser und dem Rotwein zugedeckt zwei bis drei Tage marinieren. Dabei öfter einmal das Fleischstück wenden. Nach dem Marinieren das Fleisch herausnehmen, trocken tupfen, salzen oder mit einem Fleischwürzer einreiben und in Öl anbraten. Dann Fleisch herausnehmen und beiseite stellen. Gemüse und Gewürze abgießen und ebenfalls anschmoren, Tomatenmark und Mehl zugeben und ca. drei Minuten mit anschwitzen. Die Marinade dazugießen, das Fleisch dazugeben und zugedeckt bei 200 Grad ca. zwei Stunden schmoren oder das Ganze für ca. eine Stunde in den Schnellkochtopf geben, Fleischstück herausnehmen, Soße durchpassieren und nochmals abschmecken. Eventuell mit Mehl und Soßenpulver binden.

Von Brigitte Maier,
Breitenbrunn

Eintopf mit Rindfleisch

Zutaten:
400 g Rindfleisch
500 g Suppengemüse
100 g Speck
1 Zwiebel
3/4 l Wasser
500 g Kartoffeln
1/4 l Sahne
Salz, Pfeffer
Muskat, Bohnenkraut

Rindfleisch in 1 cm große Würfel schneiden. Speck in kleine Würfel schneiden und im Topf anbraten. Die fein gehackte Zwiebel darin andünsten. Fleisch zugeben, leicht anbraten und mit Wasser aufgießen. Das Ganze etwas salzen und etwa 20 Minuten kochen. Die in Würfel geschnittenen Kartoffeln und das Suppengemüse zum Fleisch geben und etwa 25 Minuten kochen lassen. Zum Schuss die Sahne dazugeben und mit den Gewürzen pikant abschmecken.

Von Marianne Immerz,
Günzach

Filetsteak nach Art des Hauses

Zutaten:
4 Scheiben Rinderfilet oder Rinderlende zu je c a. 150 g
2 große Zwiebel
125 g frische Champignons
4 große, feste Tomaten
2 große Paprikaschoten
Öl, Salz
schwarzer Pfeffer
Knoblauch
125 Butter

nach Geschmack
4 EL Weinbrand oder Sahne

Von Irmgard Hailand, Oberostendorf

Die Paprikaschoten entkernen und in Stücke schneiden. Die Champignons putzen und in Scheiben schneiden. Die Tomaten häuten und in Stücke schneiden. Die Zwiebeln schälen und klein schneiden. Die Filetsteaks würzen und in Öl scharf braten, ca. zwei bis drei Minuten von jeder Seite. Das Fleisch auf einer Platte warm stellen. Ins Bratfett die Butter, Zwiebeln und Paprikaschoten geben und braten lassen. Champignons dazugeben und halb weich dämpfen. Anschließend die Tomatenstücke und Knoblauch dazugeben und würzen nach Geschmack.
Im letzten Augenblick den Weinbrand oder die Sahne dazugeben.
Tipp: Als Beilagen Reis und französisches Weißbrot reichen. Schmeckt einfach wunderbar, unser Weihnachtsgericht.

Französische Filetpfanne

Zutaten:
500 g Filetspitzen vom Rind
40 g Fett
Salz, weißer Pfeffer
375 g Zucchini
1 rote Paprikaschote
250 g frische Champignons
125 g Schalotten
4 Tomaten
4 EL Sahne
4 EL Weinbrand
1 Prise Zucker
5 Stiele Basilikum

Die Filetspitzen mit Küchenkrepp abtupfen und in dünne Scheiben schneiden. Fett erhitzen, in einer großen tiefen Pfanne die Fleischscheiben darin in mehrere Portionen je zwei Minuten bei starker Hitze anbraten. In eine Schüssel geben. Salzen und pfeffern. Den Bratenfond mit wenig Wasser ablöschen. Zucchini, Paprikaschote und Champignons putzen und waschen. Schalotten abziehen. Das Gemüse klein schneiden. In der geschlossenen Pfanne etwa 10 Minuten bei schwacher Hitze dünsten. Tomaten mit kochendem Wasser überbrühen, abziehen, vierteln, entkernen und in Streifen schneiden. Zum Gemüse geben und noch fünf Minuten dünsten. Sahne und Weinbrand unterrühren. Das Fleisch zugeben und kurz erhitzen. Mit Salz, Zucker und frisch gemahlenem Pfeffer abschmecken. Den Basilikum kalt abspülen, trocken schütteln, die Blätter von den Stielen zupfen, klein schneiden und unterheben.

Tipp: Dazu frisches Stangenweißbrot.

Von Stefanie Jäger, Böhen

Gekochte Rinderbrust mit Meerrettichsoße

Zutaten:
500 g Rinderbrust (ohne Knochen)
4 Markknochen
1 1/2 l kaltes Wasser
1 Zwiebel
etwas Margarine
1 Bund Suppengrün
30 g Butter
40 g Weizenmehl
500 ml Fleischbrühe
2 gehackte EL Meerrettich (aus dem Glas)
Salz, Zitronensaft

Rinderbrust waschen. Markknochen waschen, mit kaltem Wasser im offenen Schnellkochtopf zum Kochen bringen. Zwiebel abziehen, halbieren und in Margarine hellgelb dünsten lassen. Suppengrün putzen, waschen und grob zerkleinern. Nun Fleisch, Zwiebel, Suppengrün zu den Markknochen geben, einige Minuten mitkochen lassen, dabei abschäumen. Den Schnellkochtopf schließen, garen lassen. Dann das Fleisch in Scheiben schneiden, auf einer vorgewärmten Platte anrichten und warm stellen. Die Brühe durch ein Sieb gießen. Für die Meerrettichsoße: Butter im offenen Schnellkochtopf zerlassen. Das Mehl unter ständigem Rühren darin hellgelb dünsten lassen. Fleischbrühe hinzugießen, mit Schneebesen klumpenfrei durchschlagen und zum Kochen bringen. Nach etwa 5 Minuten den Meerrettich in die Soße rühren, mit Gewürzen abschmecken und über das Fleisch geben.

Tipp: Garzeit für die Rinderbrust 45 Minuten. Als Beilage: Salzkartoffeln und Chinakohl-Salat.

Von Gabriele Mayer,
Altusried

»G'füllta Flädla«

Zutaten:
Für den Pfannkuchenteig:
Mehl
Eier
Salz
Milch

Für die Füllung:
gekochtes Rindfleisch
(Suppenfleisch)
1 Zwiebel
2 EL Öl
etwas Mehl
Salz, Pfeffer, Paprika
eventuell Fleischgewürz

Von Regina Merz,
Aitrang
Bild: Ulrike Finkenzeller

Das gekochte Suppenfleisch vom Knochen lösen und fettes Fleisch wegschneiden. Die Fleischstücke durch den Fleischwolf drehen. Die Zwiebel in Würfel schneiden und in einem Topf mit Öl anbräunen, mit Mehl bestäuben, etwas Wasser dazugießen und eine helle Einbrenne herstellen. Jetzt die Fleischmasse dazugeben und die Gewürze unterrühren. Die gut abgeschmeckte Füllung zur Seite stellen.
Die Flädle in der Pfanne ausbacken, danach mit der Fleischmasse bestreichen und aufrollen. Die fertig gefüllten Flädle in einer weiteren Pfanne (eventuell mit Deckel) bei niedriger Stufe warm halten, oder in einer Terrine in den Backofen schieben.
Dazu passen alle Salate oder Gemüse der Saison. Falls noch ungefüllte Pfannkuchen übrig bleiben, können diese gleich fein geschnitten als Einlage zur Rindersuppe dienen.

Gulaschsuppe vom Rind

Zutaten:
350 g Rindfleisch
250 g Zwiebelscheiben
Fett zum Braten
3 EL Paprika
Salz, Pfeffer
3 EL Tomatenmark
2 bis 3 EL Fleischbrühe
Kümmel nach Geschmack
etwas Zitronenschale
250 g Kartoffeln
150 g grüne Bohnen

Zwiebelringe in heißem Fett glasig dünsten, das klein geschnittene Rindfleisch dazugeben. Tomatenmark, Salz, Pfeffer und Paprika dazugeben und gut miteinander verrühren. Alles zusammen etwa 15 Minuten dünsten. Mit der Fleischbrühe aufgießen. Kartoffeln in kleine Würfel schneiden, Bohnen ebenfalls klein schneiden und dazugeben. Das Ganze etwa 1 1/2 Stunden leicht kochen lassen. Je nach Beschaffenheit mit Stärkemehl binden und nochmals aufkochen lassen. Zum Schluss Zitronenschale und Kümmel dazugeben.
Guten Appetit!

Tipp: Falls die Suppe zu scharf ist, mit Wasser aufgießen, nochmals binden.

Von Irmgard Miller,
Bronnen
Bild: Sylvia Weixler

Gulaschtopf mit Mais

Zutaten:
100 g Beinfleisch vom Rind
600 g Rinderkamm
3 Zwiebeln
1 Knoblauchzehe
1 rote Paprika
1 grüne Paprika
3 EL Öl
1 TL Salz
1 Lorbeerblatt
1 Messerspitze Pfeffer
1 Prise Cayennepfeffer
1/8 l Brühe
200 g Maiskörner
200 g Gewürzgurke
1/8 l Sahne

Fleisch waschen, abtrocknen und in Würfel schneiden. Zwiebel und Knoblauch schälen und würfeln. Das Öl erhitzen. Zwiebel und Knoblauch glasig dünsten. Fleisch zugeben und scharf anbraten. Die Gewürze zugeben und aufgießen. Etwa eine Stunde schmoren lassen. In der Zwischenzeit die Paprika halbieren, putzen, waschen und in Streifen schneiden. Essiggurken würfeln. Dann Mais abtropfen lassen. Jetzt die Paprika, Mais und die Gurken zugeben. Nochmals etwa 15 Minuten schmoren lassen. Danach mit der Sahne abschmecken. Eventuell nachwürzen. Dazu passt: Reis, Weißbrot.

Tipp: Dieser Eintopf kann sehr gut vorbereitet werden: Mache ich gerne, wenn sich Besuch ansagt.

Von Monika Hipp,
Stötten a. A.

Indonesischer Fleischtopf

Zutaten:
4 Rinderrouladen
2 rote Paprikaschoten
2 grüne Paprikaschoten
2 Zwiebeln
4 Tomaten
3 EL Speiseöl
4 EL Sojasoße
250 ml Sahne
1 TL Curry
Salz, Pfeffer

Rouladen in Streifen schneiden. Paprika und Zwiebeln in Streifen schneiden. Tomaten kurze Zeit in kochendes Wasser legen, in kaltem Wasser abschrecken, enthäuten und Tomaten in Stücke schneiden.
Öl in einer Pfanne erhitzen und die Fleischstreifen portionsweise darin anbraten.
Die Fleischstreifen in einen Topf geben. Paprika, Zwiebel, Tomaten, Sojasoße und steif geschlagene Sahne hinzufügen. Mit Curry, Salz und Pfeffer würzen und bei schwacher Hitze etwa eine Stunde schmoren lassen. Dabei ab und zu umrühren.

Tipp: Als Beilage Reis und Salat.

Von Christine Filser, Aitrang

Indonesisches Filetgulasch

Zutaten:
500 g Rinderfilet
40 g Butter
1 Zwiebel
1 EL Mehl
2 bis 3 TL Curry
Salz
1 bis 2 Stück kandierter Ingwer
1/8 l Wein
1/8 l Brühe
150 g Champignons
1 EL Mandarinenschnitze
1 EL Ananasstücke
50 g geröstete Mandeln

Fleisch enthäuten, in feine kurze Streifen schneiden. Gehackte Zwiebel in heißer Butter andünsten, Fleischstreifen dazugeben, anbraten, mit Mehl bestäuben und durchrösten. Mit Curry und Salz würzen, Ingwer dazugeben, mit Wein und Brühe aufgießen, zugedeckt 1 1/2 Stunden dünsten lassen.
Champignons, Mandarinen und Ananas darunter mengen.
Mandeln überbrühen, abziehen, in Stifte schneiden und in der Backröhre auf dem Backblech hellgelb rösten. Dann über das angerichtete Gulasch streuen. Dazu passt Curry-Reis.

Tipp: Anstatt der ganzen Mandeln können auch Mandelblättchen verwendet werden.

Von Stefanie Tauscher, Oberstdorf
Bild: Sabine Bitter

Ofensuppe mit Rindfleisch

Zutaten:
1 kg Rindergulasch
500 g Zwiebeln
250 g Champignons
250 g Erbsen
3 rote Paprika
250 ml Currysoße
250 ml Chilisoße
500 ml Sahne

Alle Zutaten der Reihenfolge nach in einen großen Topf schichten, nicht umrühren. Im Backofen 2 1/2 Stunden bei 180 Grad garen. Nach dem Garen alles gut durchrühren und abschmecken.

Tipp: Schmeckt auch gut mit Ananaswürfel. Als Beilage passt Baguette.

Von Josefine Kresser,
Leutkirch

Partysuppe oder Hackfleischeintopf

Zutaten:
600 g Hackfleisch
2 EL Fett
2 große Zwiebeln oder Lauch
1 l Brühe
1 Dose Tomaten
1 Dose rote Bohnen
1 rote oder gelbe Paprika
400 g Champignons
Mais
Salz, Pfeffer
Curry, Paprika
Rotwein
eventuell Tabasco
Chilipulver
Petersilie

Hackfleisch in Fett kräftig anbraten, gewürfelte Zwiebeln zugeben, mitdünsten. Paprika, Champignons, Mais und Gewürze zugeben und gut durchköcheln lassen. Tomaten und Bohnen zugeben und mit erwärmen.
Mit Sahne abschmecken, Petersilie darüber streuen. Mit Brot oder Semmel servieren.

Tipp: Dem Gericht können auch noch vorgegarte Kartoffelstückchen beigefügt werden.

Von Rosi Mößmer,
Seeg

Pichelsteiner

Zutaten:
500 g Rindfleisch
500 g Kartoffeln
500 g Karotten
1 Zwiebel
ca. 1 l Fleischbrühe
Fett
Petersilie
Salz

Rindfleisch, Kartoffeln und Karotten in Würfel schneiden. Das Fleisch und die fein geschnittene Zwiebel mit etwas Fett gut anbraten. Danach Kartoffeln und Karotten dazugeben und mit 1 l Fleischbrühe aufgießen.
Garzeit: Etwa eine Stunde leicht kochen lassen.
Zum Schluss mit Salz und Petersilie abschmecken.

Von Maria Osterried,
Stötten

Puszta-Gulasch

Zutaten:
500 g Rindfleisch (Keule)
500 g Zwiebeln
1 rote Paprikaschote
Fett zum Anbraten
3/8 l Wasser
4 EL Tomatenmark
Salz, schwarzer Pfeffer
1 EL Paprika
1/2 TL Kümmel
1/2 TL Majoran
1 große Kartoffel

Die Zwiebeln schälen und in Ringe schneiden. Gewaschene Paprikaschote halbieren, entkernen und klein schneiden. Das Fleisch in 2 cm große Würfel schneiden. Fett in der Pfanne erhitzen und das Fleisch darin anbraten. Fleischwürfel aus der Pfanne nehmen und die Zwiebeln und die Paprikastücke im Bratenfond anbraten. Mit Wasser ablöschen. Kartoffel schälen und würfeln. Fleisch, Kartoffelwürfel und Gewürze zugeben und zugedeckt ca. 1 1/2 Stunden garen.
Das Gulasch nach Bedarf herzhaft abschmecken und mit Spätzle, Kartoffel oder Stangenweißbrot servieren.

Von Gabi Freudling,
Kempten
Bild: Gabi Striegl

Rahmgeschnetzeltes

Zutaten:
400 g Rindfleisch aus der Oberschale
1 Zwiebel
2 Gewürzgurken
2 bis 3 Tomaten
1 Knoblauchzehe
1 EL Butterschmalz
1 Becher Crème fraîche
1 TL Senf
1 Becher süße Sahne
Salz und Pfeffer aus der Mühle

Das Rindfleisch erst in kleine dünne Scheiben, dann in Streifen schneiden. Die gehäuteten Tomaten, die geschälte Zwiebel und die Gurken in feine Würfel schneiden. Die Knoblauchzehe schälen, eine Pfanne damit ausreiben und Butterschmalz darin erhitzen. Die Fleischstreifen anbraten, mit Salz und Pfeffer würzen, herausnehmen und im vorgeheizten Backofen warm stellen. Die gewürfelte Zwiebel im Bratfett glasig braten, Tomaten- und Gurkenwürfel dazugeben und kurz mitbraten. Crème fraîche, Tomatenmark, Senf und süße Sahne in die Pfanne geben und verrühren. Mit Salz und Pfeffer abschmecken.
Das Geschnetzelte unterrühren und servieren.

Tipp: Als Beilage Bandnudeln reichen.

Von Margit Bechteler, Betzigau und Claudia Holzmann, Marktoberdorf (Bild)

Rheinischer Sauerbraten

Zutaten:
800 g Rindfleisch
1/4 l Obstessig
1/2 l Wasser
2 Zwiebeln
2 Karotten
2 TL weiße Pfefferkörner
1 TL Wacholderbeeren
2 Nelken
1 Lorbeerblatt
Salz, weißer Pfeffer
2 EL Öl
150 g Rosinen
1 TL Stärkemehl
Zucker

Essig und Wasser aufkochen, Zwiebeln und Karotten in Würfel schneiden und zugeben. Pfefferkörner, Wacholderbeeren, Nelken stoßen und alle Gewürze mit aufkochen lassen. Dann Sud abkühlen lassen. Fleisch über Nacht einlegen. Sud abtropfen lassen. Fleisch mit Küchentuch abtrocknen und würzen. In Öl anbraten und Rosinen zugeben, mit Sud aufgießen und zugedeckt fertig garen. Mit Stärkemehl binden und mit Zucker abschmecken.

Tipp: Abgekühlten Sud in eine große Gefriertüte füllen und Fleisch dazugeben. Verschließen und in eine Schüssel stellen.

Von Renate Rampp,
Nassenbeuren

Rinderbraten – italienische Art

Zutaten:
1 kg Rindfleisch
250 g Zwiebeln
2 große Karotten
2 Knoblauchzehen
1/4 l Rotwein
1/4 l Fleischbrühe
1 EL Tomatenmark
200 g Champignons
Salz, Pfeffer
1 TL Thymian
1 TL Rosmarin

Zwiebeln, Karotten in Würfel schneiden. Champignons in Scheiben schneiden.
Das Rindfleisch mit dem Gemüse anbraten. Mit Rotwein und Brühe aufgießen. Tomatenmark und Gewürze dazugeben. Zugedeckt ca. 1 1/2 bis 2 Stunden schmoren.
Dazu passen am besten Spätzle.

Tipp: Sehr gut gelingt dieser Braten auch im Schnellkochtopf.

Von Sandra Holderied,
Betzigau

Rinderfilet à l'Anita

Zutaten:
500 g Rinderfilet-scheiben
250 g frische Engerlinge oder Champignons
1 Zwiebel (eventuell)
30 g Butter
2 bis 3 Bananen

Soße:
1/8 l süße Sahne
1/8 l Milch
1/8 l Sauerrahm
2 EL Tomatenmark
2 TL Curry
150 g Emmentaler
Pfeffer, Thymian
Suppenpulver
Kräutersalz

Rinderfilet mit Pfeffer und Salz würzen, in heißem Öl kurz anbraten und in eine Auflaufform legen.
Engerlinge in Scheiben darauf verteilen. Eventuell die Zwiebel mit 30 g Butter im Bratenfond kurz andünsten. Die Bananen in Scheiben schneiden und darauf verteilen.

Soße: Zutaten der Reihe nach verrühren und darüber gießen. Den Emmentaler raspeln und darüber streuen. Im Backofen ca. 30 bis 40 Minuten bei 175 Grad backen.
Zuerst mit Alufolie abdecken.

Tipp: Dazu passt gut Reis, Weißbrot oder Salzkartoffeln. Anstatt Rinderfilet kann auch Schweinefilet verwendet werden.

Von Helga Neher,
Ottobeuren

Rinderfilet mit Champignonrahmsoße

Zutaten:
1 Rinderfilet
1 Päckchen Champignonsuppenpulver
1 Dose Champignons
2 Becher Sahne
Salz, Pfeffer

Das Filet waschen und trocken tupfen. Mit Salz und Pfeffer leicht würzen und in einen Bräter legen. Die Champignons fein blättrig schneiden und andünsten. Das Champignonsuppenpulver mit der Sahne verrühren. Die Pilze und die Sahnesoße zum Fleisch geben und bei 180 Grad ca. 1 1/2 Stunden schmoren. Eventuell etwas Wasser zugeben, falls Soße zu dick ist.

Von Martina Schweinberger, Haldenwang

Rinderrouladen mit Hackfleisch

Zutaten:
4 Rouladen
1 große Zwiebel
3 Essiggurken
Petersilie
150 g Hackfleisch
1 Ei
Haferflocken
Salz, Pfeffer, Paprika
4 getrocknete Tomaten

Hackfleisch kräftig würzen, Rouladen salzen und pfeffern, mit Hackfleisch bestreichen. Gurken-, Tomaten- und Zwiebelwürfel darauf streuen, aufrollen, feststecken und in Öl anbraten. Mit etwas Brühe aufgießen, 1 bis 1 1/2 Stunden schmoren lassen. Soße mit Tomatenmark und Crème fraîche abschmecken.

Von Sybille Leute,
Hergensweiler

Rinderrouladen mit Kalbsbrät

Die Rouladen auslegen und würzen. Mit Öl leicht beträufeln und verstreichen. Füllung vorbereiten: Zwiebel fein würfeln, in wenig Fett glasig dünsten. Brät in einer Schüssel abrühren, mit abgekühlter Zwiebel, Zitronenschale, Ei und Milch verrühren. Mehl und Semmelbrösel darunter rühren, bis eine streichfähige Masse entsteht. Die Brätfülle 1/2 cm dick auf die Rouladen verstreichen. Abwechselnd die in feine Streifen geschnittenen Karotten und den in feinen Streifen geschnittenen Speck, die Paprika und die Essiggurken darauf verteilen, die gewürfelte Zwiebel und die Petersilie darauf verteilen. Die Rouladen werden nun aufgerollt und mit Rouladenklemmen zusammengehalten. Die Rouladen in Butterschmalz rundherum anbraten. Herausnehmen, etwas Fett abgießen und Rouladen wieder zurücklegen. Mit Rindfleischbrühe und Rotwein aufgießen. Mit geringer Flüssigkeit bei geschlossenem Topf im Backrohr bei 180 Grad etwa zwei Stunden garen. Am Ende der Garzeit Soße leicht binden und abschmecken. Dazu schmecken Spätzle, Blaukraut und Kartoffelpüree sehr fein.

Tipp: Wenn die Rouladen groß sind, halbiere ich sie, sonst werden die Rouladen zu dick.

Zutaten:
5 Rinderrouladen
Salz, Pfeffer, Paprika
3 Karotten
5 Essiggurken
5 Schoten Tomatenpaprika, sauer eingelegt
geräucherter Speck
Zwiebel
Petersilie

Füllung:
250 g Kalbsbrät
1 Ei
1/8 l Milch
3 bis 4 EL Mehl
6 EL Semmelbrösel
1/2 Zwiebel
abgeriebene Zitronenschale

Von Ingeborg Gromer, Wiggensbach

Rinderrouladen mit Schinken-Käse-Füllung

Zutaten:
4 Scheiben Rinderrouladen
4 Scheiben gekochter Schinken
4 Scheiben Emmentaler
1 EL Sauerrahm
Salz, Pfeffer, Senf

Die Rouladen waschen, trocken tupfen, leicht klopfen und den Fettrand abschneiden. Mit Salz, Pfeffer würzen und mit Senf bestreichen. Jede Roulade mit je einer Scheibe Schinken und einer Scheibe Emmentaler belegen, aufrollen und mit Rouladennadeln befestigen. Im Schmortopf Öl erhitzen, Rouladen hineingeben und bei starker Hitze rundherum anbraten. Mit heißem Wasser begießen und bei verschlossenem Topf ca. 1 1/2 Stunden schmoren lassen.
Kurz vor dem Servieren mit saurer Sahne abschmecken.
Dazu schmecken Reis oder Nudeln.

Tipp: Anstatt der sauren Sahne kann man auch Bratensoße verwenden.

Von Margit Wegele, Oberschönegg

Rindersteak mit Biersoße

Zutaten:
4 Rindersteaks
3 bis 4 Knoblauchzehen
125 g Kräuter
Crème fraîche
150 g Sahne
2 bis 3 EL
Tomatenketchup
1 Schuss helles Bier
Salz, Pfeffer

Rindersteak in Butter beidseitig anbraten und mit Salz und Pfeffer würzen. Den fein gehackten Knoblauch kurz mitbraten und mit Crème fraîche ablöschen. Mit Sahne aufgießen, das Tomatenketchup und das Bier zugeben. Die Soße mit dem Fleisch ca. 10 Minuten köcheln lassen. Am Schluss die Soße mit Salz und Pfeffer abschmecken.
Dazu passen gut Weißbrot und Pommes frites.

Von Christine Hobt,
Aitrang

Rindersteak in Senfkruste

Zutaten:
5 Rindersteaks
Salz, Pfeffer
mittelscharfer Senf
Grieß

Rindersteak klopfen, mit Salz und Pfeffer würzen, mit Senf auf beiden Seiten bestreichen und in Grieß wenden. In heißer Pfanne mit etwas Öl auf beiden Seiten je acht bis 10 Minuten braten. Mit Salat servieren.

Tipp: Schnelle, leichte Küche.

Von Cornelia Riedmaier,
Winterrieden

Rindfleischgratin

Zutaten:
600 g Rindfleisch
30 g Butterschmalz
Pfeffer, Salz
1/2 TL Paprikapulver
1/4 l Fleischbrühe
500 g Champignons
1/2 Zitrone (Saft)
40 g Butter
75 g Räucherspeck
1 große Zwiebel
1 Knoblauchzehe
1/4 l Weißwein
4 EL Sahne
125 g Emmentaler

Das Fleisch in feine Streifen schneiden und in heißem Butterschmalz von allen Seiten anbraten, würzen und mit Fleischbrühe angießen. Bei geringer Hitze ca. 20 Minuten schmoren lassen. In der Zwischenzeit Champignons putzen, in Scheiben schneiden und mit Zitronensaft beträufeln. Butter in einer Pfanne erhitzen, Speck würfeln und darin auslassen. Zwiebel würfeln, Knoblauch pressen und darin andünsten. Champignons zugeben, mit Salz und Pfeffer würzen und den Wein eingießen. Bei geringer Hitze ca. 15 Minuten köcheln lassen. Sahne zugeben und mit dem Fleisch vermischen. Alles in eine Gratinform geben und den geriebenen Käse darüber streuen. Die restliche Butter als Flöckchen darüber geben. Im Backofen bei 200 Grad ca. 15 Minuten überbacken. Dazu passen Nudeln oder Salzkartoffeln gut.

Von Birgit Mayr, Aitrang,
Theresia Barnsteiner,
Sulzschneid und
Margit Schindele,
Rückholz (Bild)

Rindfleischröllchen mit Pesto

Zutaten:
8 kleine Rinderrouladen
Salz, Pfeffer

Zutaten für Pesto:
2 Knoblauchzehen
1 EL Pinienkerne
1 Bund frischer Basilikum
8 EL Olivenöl
2 EL geriebener Parmesan
150 g dünner, lang geschnittener Bauchspeck oder roher Schinken

Die Pestozutaten im Mixer oder mit einem Pürierstab zu einer Paste mischen.
Das Fleisch trocken tupfen, salzen und pfeffern. Mit dem Pesto gleichmäßig bestreichen, längs fest aufrollen und mit dem Speck sorgfältig umwickeln. Die Röllchen in heißem Olivenöl ringsherum anbraten.

Die Röllchen kann mal als Hauptspeise mit den entsprechenden Beilagen oder in Scheiben geschnitten, lauwarm auf Salat (anstelle von Putenstreifen), servieren.

Von Cornelia Fischer,
Ruderatshofen
Bild: Sylvia Weixler

Rindfleischsalat

Zutaten:
300 g Rindfleisch
2 große Zwiebeln
2 Essiggurken
1 Glas Mais
1 Paprika
4 EL Essig
4 EL Öl
2 EL Chilisoße
Salz, Pfeffer

Rindfleisch kochen und in kleine Würfel schneiden. Zwiebeln in Ringe, Essiggurken in kleine Würfel und Paprika in kleine Streifen schneiden. Alles in eine Schüssel geben, das Glas Mais dazugeben und mit Essig, Öl und den übrigen Gewürzen abschmecken. Das Ganze mindestens eine Stunde ziehen lassen.

Von Maria Scharpf,
Dirlewang

Rostbraten mit Brezenfüllung

Zutaten:
600 g Rostbraten
4 Brezen
2 Eier
200 g Sahne
Salz, Pfeffer
Petersilie
100 g Hackfleisch (Schwein)
1 Zwiebel
Karotten
Sellerie
Lauch

Dem Fleisch längs zur Faser zwei Taschen einschneiden. Brezen fein schneiden, mit Sahne, Eier, Zwiebel, Salz, Pfeffer, Petersilie und Hackfleisch eine weiche Masse formen, in die Fleischtaschen einfüllen und mit Schnur umwickeln, damit die Taschen nicht aufspringen.
Karotten, Sellerie, Lauch fein schneiden, in einen Bräter geben, mit Brühe aufgießen. Fleisch darauf geben und Deckel drauf. Im Backrohr für eine Stunde bei 180 Grad immer übergießen. Raus nehmen und in Alufolie 30 Minuten ruhen lassen.

Tipp: Bei doppelter Brezenfüllung kann man als Beilage Knödel formen. Es geht genauso mit Kareebraten oder Schweinehals.

Von Annelore Haggenmüller,
Altusried

Rouladen – italienische Art

Rouladen mit Salz und Pfeffer würzen. Basilikum abbrausen und die Blättchen von den Stielen zupfen. Blätter fein schneiden. Rouladen mit Tapenade bestreichen und mit Parmaschinken belegen. Die Hälfte Basilikum darauf streuen. Parmesan mit Ricotta mischen, ebenfalls darauf streichen. Die Rouladen aufrollen und mit Küchengarn zusammenbinden. Frühlingszwiebeln putzen, abbrausen und klein schneiden. Olivenöl in einem Bräter erhitzen, Rouladen ringsherum anbraten. Frühlingszwiebeln beim Anbraten zu den Rouladen geben und kurz mit anschmoren. Die Tomaten in der Dose mit einem Messer zerkleinern, mit Flüssigkeit und Brühe zu den Rouladen geben. Knoblauch abziehen und dazu pressen. Zugedeckt 1 1/2 Stunden bei mäßiger Hitze köcheln lassen.
Die Rouladen aus der Soße nehmen und die Soße etwas einköcheln lassen. Basilikum einrühren und abschmecken. Die Rouladen wieder in die Soße geben, noch kurz bei kleinster Hitze ziehen lassen. Die Rouladen mit der Soße anrichten. Dazu schmecken Rigatoni.

Zutaten:
4 Rinderrouladen (ca. 750 g)
Salz, Pfeffer
1 Bund Basilikum
4 TL Tapenade (Olivenpaste)
4 Scheiben Parmaschinken, dünn geschnitten
4 EL Parmesan, frisch gerieben
100 g Ricotta
2 EL Olivenöl
1 Bund Frühlingszwiebeln
1 kleine Dose geschälte Tomaten (ca. 280 g)
750 ml Fleischbrühe
2 Knoblauchzehen

Von Carla Hölzle,
Markt Rettenbach

Rouladen-Klassiker

Zutaten:
4 Scheiben Rindfleisch
4 Scheiben roher Schinken
4 Scheiben gekochter Schinken
2 hart gekochte Eier
4 Gewürzgurken
Senf, Salz, Pfeffer
1 Zwiebel
3 bis 4 EL Rapsspeiseöl
etwas Mehl
1/4 l Rinderbrühe
1/4 l Rotwein
etwas Sauerrahm

Die Fleischscheiben mit Senf bestreichen, salzen und pfeffern. Zwiebel würfeln und über Fleisch streuen. Je eine Scheibe rohen und gekochten Schinken, zwei Gurkenhälften und einige Eierscheiben auf jede Fleischscheibe legen. Die Fleischscheiben aufrollen und mit Küchengarn umwickeln. In einer tiefen Pfanne das Rapsspeiseöl erhitzen. Die Rouladen einlegen, mit Mehl bestäuben und von allen Seiten anbraten. Die Brühe und Rotwein aufgießen und im zugedeckten Topf ca. eine Stunde schmoren lassen. Die Rouladen herausnehmen und warm stellen. Die Soße mit kalt angerührtem Mehl binden und mit Salz, Pfeffer und Sauerrahm abschmecken.

Tipp: Dazu passen Spätzle, Gemüse und Salat sehr gut.

Von Hildegard Zettler, Böhen

Rumpsteak Strindberg

Zutaten für 1 Person:
1 Rumpsteak (200 g)
1 TL Senf
3 EL Mehl
2 EL Zwiebelwürfel

Das Rumpsteak plattieren, die Oberseite mit Senf bestreichen und die Zwiebel in den Senf eindrücken. Mit Mehl bestäuben und mit der Hand andrücken, bis das Mehl trocken bleibt. In einer Pfanne Butterschmalz erhitzen, das Rumpsteak bei großer Flamme mit der Senfkruste zuerst (ca. eine Minute) anbraten, dann wenden und auf der anderen Seite bei kleiner Flamme fertig garen (ca. acht Minuten).

Tipp: Als Beilage eignen sich alle Arten der Kartoffeln.

Von Sonja Hauser,
Weitnau

Sauerbraten mit böhmischem Knödel

Alle Zutaten der Beize in eine Schüssel geben. Das Rindfleisch wird mindestens einen Tag in der Beize eingelegt und muss dabei kühl stehen und vollständig mit der Beize bedeckt sein.
Das Fleisch aus der Beize nehmen, abtrocknen und im Bräter in Öl rundherum anbraten. Mit der verdünnten Beize ablöschen. Das Gemüse aus der Beize hinzugeben und das Fleisch mit den Speckscheiben belegen. Wichtig: Der Bräter sollte unbedingt mit einem Deckel verschlossen

Von Sandra Pfalzer, Buxach

Zutaten Beize:
1 kg Rindfleisch
3/4 l Wasser
1/4 l Essig
2 TL Salz
etwas Suppengrün
1 Zwiebel
4 Körner Piment
5 Wacholderbeeren
1 Lorbeerblatt
Verdünnung Beize:
3 EL Öl
1/4 bis 1/2 l Wasser
einige Scheiben fetter Speck
Soße:
1 bis 2 EL Butterschmalz
2 TL Zucker
2 EL Mehl
1/4 l Fleischbrühe
2 EL Rotwein
2 EL Sauerrahm
Knödel:
375 Mehl
2 Eier
1 1/2 Semmel
1 gute Prise Salz
1 Päckchen Backpulver

werden, damit das Fleisch nicht austrocknet. In den auf 200 Grad vorgeheizten Ofen schieben und etwa zwei Stunden braten. Nach der halben Garzeit sollte das Fleisch gewendet und eventuell mit etwas Beize aufgegossen werden.
Dann Butterschmalz mit dem Zucker in einem Topf erhitzen und unter Rühren hellbraun karamelisieren. Mehl dazugeben und etwas anrösten. Nach und nach die Bratensoße und soviel Fleischbrühe zugeben, dass die Soße sämig bleibt. Rotwein zugeben und ca. 30 Minuten köcheln lassen, dann durchpassieren und mit Sauerrahm abschmecken.
Für die Knödel die Semmel würfeln und mit den Eiern vermengen. Mehl und Backpulver mischen und nach und nach unterrühren. Abwechselnd mit ca. ein Tasse Wasser zu den Semmeln geben, salzen. Gut durchkneten. Im kochenden Wasser auf jeder Seite 15 Minuten ziehen lassen. In Scheiben schneiden und zu dem Sauerbraten reichen.

Dazu passt bayerisches Kraut oder Blaukraut.

Schaschlik in Soße

Zutaten:
500 g Rindfleisch
100 g Paprikaspeck in Scheiben
1 rote Paprika
1 grüne Paprika (oder gelb)
2 Zwiebeln
Pfeffer, Salz
Paprika, Öl
1/2 bis 1 Brühwürfel
etwas Soßenbinder
etwas Sahne

Paprika waschen und große Würfel schneiden, Zwiebel vierteln und auseinandernehmen, Speckscheiben eventuell halbieren. Rindfleisch würfeln. Fleisch, Speck, Zwiebel und Paprika im Wechsel auf Schaschlikspieße schieben. Je 1 TL Pfeffer, Salz und Paprika mit Öl verrühren und die Spieße mit der Gewürzmischung von allen Seiten einpinseln.
Die Spieße von allen Seiten anbraten. Mit ca. 1/2 l Brühe (heiß) aufgießen und zugedeckt ca. 1 1/2 Stunden leicht kochen lassen, eventuell nachgießen. Spieße aus der Soße nehmen. Soße binden und mit der Sahne abschmecken. Die Spieße wieder in die Soße legen.
Tipp: Dazu passen Reis und Salat.

Von Rebekka Hartmann, Stötten a. A.

Schmorbraten mit Pfirsichen

Zutaten:
750 g Rindfleisch (Zunge oder Siegelstück)
Salz, Pfeffer
Kräuter der Provence
100 g Fett
1 Dose Pfirsich
1/4 l Brühe
1/4 l Weißwein
1/2 bis 1 EL Mehl
1/16 l saure Sahne
1 bis 2 Gläschen Weinbrand

Fleisch mit Gewürzen einreiben. In heißem Fett kräftig anbraten. Mit Pfirsichsaft aus der Dose, Brühe und Weißwein ablöschen. Ca. 1 1/2 Stunden zugedeckt schmoren lassen.
Braten herausnehmen, auf eine Platte legen und warm stellen. Die Bratflüssigkeit mit dem Mehl binden. Mit saurer Sahne, Weinbrand, Salz und Pfeffer abschmecken. Pfirsiche in Würfel schneiden und in die Soße geben. Braten aufschneiden und mit der Soße servieren.

Tipp: Als Beilage Kartoffeln.

Von Maria Reichart,
Wildpoldsried

Schnelle Rindfleisch-Pfanne

Zutaten:
600 g Rouladenfleisch
1 Zwiebel
2 EL Butter
2 EL Mehl
2 Essiggurken
Tomatenketchup
Salz, Pfeffer
Curry nach Belieben
6 EL Sauerrahm
1 EL gehackte Petersilie

Das Rindfleisch in Streifen schneiden. In einer Pfanne die klein gehackte Zwiebel in der Butter glasig dünsten. Fleisch portionsweise zugeben und kurz anbraten. Mit Mehl bestäuben, Ketchup zugeben und mit knapp 1/4 l Wasser ablöschen. Kleingewürfelte Essiggurken zugeben, etwa 30 Minuten köcheln lassen. Mit Salz und Pfeffer abschmecken. Kurz vor dem Anrichten Sauerrahm dazugeben (nicht mehr aufkochen lassen). Mit etwas Petersilie servieren.
Dazu passen Kartoffeln, Reis, Nudeln und grüne Salate.

Von Ulrike Scholz,
Bernbeuren
Bild: Brigitte Wiedemann

Tipp: Wenn es schnell gehen soll, kann man das Fleisch vom Metzger vorbereiten lassen.

Siebenbürgerfleisch mit Zuckereinbrenne

Zutaten:
500 g Fleisch
30 g Speck
Wurzelwerk, Salz
3/4 l Milch oder
Buttermilch
15 g Fett
1 TL Zucker
20 g Mehl
3/8 l Brühe
1 TL Tomatenmark
3 EL Sahne

Fleisch waschen, in Topf geben, Speck klein schneiden, Wurzelwerk ebenfalls alles in den Topf zum Fleisch geben. Milch darüber gießen, bei niedriger Temperatur kochen lassen, nicht voll abdecken. Milch verkocht fast vollständig.
Für die Zuckereinbrenne: Zucker in Fett leicht braun werden lassen, Mehl dazugeben und mit kaltem Wasser ablöschen. Den Rest der Kochflüssigkeit dazugeben und mit Tomatenmark und Sahne verfeinern.
Fleisch in Scheiben schneiden und mit Zuckereinbrenne übergießen.
Dazu passt Kartoffelbrei und Salat.

Tipp: Haben wir in der Landwirtschaftlichen Hauswirtschaftsschule gekocht, schmeckt sehr gut.

Von Rosemarie Meusburger,
Waltenhofen

Tiroler Rösti

Zutaten:
600 g Suppenfleisch
1 bis 1,5 kg gekochte Pellkartoffel
Röstzwiebeln
Kümmel, Salz
Pfeffer aus der Mühle
Kräutersalz
Butterschmalz
Bratkartoffelgewürz
1 Zwiebel
Wurzelwerk (Karotte, Lauch Sellerie)

Die gekochten Kartoffeln schälen und nicht so dünne Scheiben schneiden.
Wurzelwerk waschen, putzen, grob schneiden, Zwiebel mit der Schale halbieren. Fleisch kurz kalt waschen. Alle Zutaten in kaltem Wasser zusetzen, leicht salzen und in einem Dampfdrucktopf ca. 20 bis 25 Minuten garen.
Gegartes Fleisch aus der Brühe nehmen und erkalten lassen. Dann Fleisch in Streifen schneiden, wie Geschnetzeltes. In einer beschichteten Pfanne zuerst das Fleisch braten, dann die Kartoffeln dazugeben und richtig schön kross rösten. Mit den Gewürzen abschmecken und zum Schluss den Kümmel und die Röstzwiebeln dazugeben. Fertig ist das Gericht.

Tipp: Schmeckt sogar den Kindern.

Von Ingrid Kiechle, Leutkirch
Bild: Ulrike Finkenzeller

Tomatentopf mexikanisch

Zutaten:
500 g Rindfleisch
30 g Fett
3 Zwiebeln
500 g Paprikaschoten
1 kg Tomaten
1/4 l Brühe
Pfeffer, Chilipulver
Paprika
1 bis 2 TL Mehl
Sauerrahm
Petersilie

Großwürfelig geschnittenes Rindfleisch in heißem Fett rundherum scharf anbraten. Fein gehackte Zwiebel mitrösten, die großwürfeligen Paprikaschoten und geviertelten Tomaten über das Fleisch verteilen. Zugedeckt fünf Minuten schmoren lassen. Mit heißer Brühe aufgießen, mit Salz, Pfeffer, Chilipulver und Paprika würzen. Ca. 40 Minuten garen. Mit Mehl binden, mit Sauerrahm verfeinern und zum Schluss mit Petersilie bestreuen. Dazu wird Reis serviert.

Von Karola Haggenmüller,
Wiggensbach
Bild: Gabi Striegl

Zigeunerbraten

Zutaten:
1,5 kg Rinderbraten
Salz, Pfeffer
Cayennepfeffer
frisch gemahlene Muskatnuss
3 EL grobkörniger Senf
2 bis 3 Scheiben Bauernbrot
8 bis 12 Scheiben durchwachsener geräucherter Speck (ca. 150 g)
4 bis 6 Scheiben junger Gouda
1 Bund gemischter Kräuter
1/4 l herber Rotwein
1 Zwiebel
1 Lorbeerblatt

Rinderbraten der Länge nach 4- bis 6-mal fächerartig einschneiden. Die Einschnitte mit Salz, Pfeffer, Cayennepfeffer und Muskatnuss würzen und mit Senf bestreichen. In jeden Einschnitt zwei Speckscheiben, eine Käsescheibe, eine halbe, entrindete Brotscheibe und abgezupfte Kräuter stecken. Dann den Braten mit Küchenschnur zusammenbinden. Salzen, pfeffern und in erhitztem Öl ringsherum anbraten. Geputztes Suppengrün grob zerkleinern und kurz mitdünsten. Dann die Hälfte des Rotweines zugießen, geschälte Zwiebel und Lorbeerblatt hinzufügen.
Den Braten zugedeckt bei geringer Hitze ca. zwei Stunden schmoren lassen.

Von Daniela Epp,
Bernbach

Zwiebelrostbraten

Zutaten:
4 Rostbratenscheiben (aus dem Roastbeef)
Salz, Pfeffer
3 EL Öl
2 Zwiebeln
1 EL Butter
1/16 l Fleischbrühe
etwas Mehl

Die Fleischscheiben leicht klopfen, salzen, pfeffern, im erhitzten Öl rasch auf beiden Seiten anbraten, herausnehmen und warm stellen. Butter zum verbliebenen Öl in die Pfanne geben, die in feine Ringe geschnittenen Zwiebeln darin goldgelb rösten, wenig Fleischbrühe angießen, durchschwenken und abschmecken mit Salz und Pfeffer. Eventuell etwas Mehl mit Wasser anrühren und leicht abbinden.
Nun die Zwiebelsoße über das angerichtete Fleisch geben und servieren.

Tipp: Dazu passen Spätzle oder Pommes frites.

Von Claudia Bartenschlager, Sontheim

Kalb

Brätstrudel

Zutaten:
250 g Butter
2 Eier
250 g Quark
250 g Mehl

Füllung:
1 kg Brät
2 Zwiebeln
200 g gekochter Schinken, gewürfelt
100 g Emmentaler
ca. 1/2 l Milch
1 Bund Petersilie
2 bis 3 Paprika

Aus Butter, Eier, Quark und Mehl Mürbteig herstellen und auf Backblechgröße auswalken. Brät unter Rühren mit 2 bis 3 EL Mehl stauben, Zitronenschale, Salz, gedünstete Zwiebeln und Milch zugeben. So lange schlagen bis das Brät Blasen wirft. Kleingeschnittene Paprika und Petersilie untermischen. Füllung auf den Mürbteig geben, mit Schinken und Käse belegen. Aufrollen und auf ein mit Backpapier belegtes Backblech geben. Mit Wasser bestreichen und Sesamkörner darüber streuen.
Bei 200 Grad 30 bis 40 Minuten backen.

Tipp: Schmeckt auch mit Hackfleischfülle sehr gut.

Von Christine Mösle, Legau

Indisches Curry-Rahmschnitzel

Zutaten:
4 Kalbs- oder Schweineschnitzel
Mehl zum Wenden
30 g Butterschmalz
Salz
weißer Pfeffer
100 ml Sahne
125 ml Flüssigkeit (Hühnerbrühe)
Curry
Zitronensaft
Weißwein
2 Bananen
etwas Butter

Schnitzel (wenn nötig klopfen) in Mehl wenden, in heißem Butterschmalz auf beiden Seiten anbraten, salzen, den Rahm zugeben und etwas anbräunen lassen. Mit etwas Weißwein ablöschen und mit kochender Flüssigkeit aufgießen. Bei mäßiger Hitze zugedeckt gar dünsten, bei Bedarf kochende Flüssigkeit nachgießen. Schnitzel warm stellen. Die Soße mit reichlich Curry, etwas Zitronensaft und eventuell nochmals mit Sahne und Wein abschmecken. Die Schnitzel noch kurz in der Soße ziehen lassen. In der Zwischenzeit die Bananen schälen und der Länge nach halbieren, die Butter erhitzen und die Bananen darin auf beiden Seiten goldbraun anbraten. Die Schnitzel anrichten, mit Soße begießen und mit Banane garnieren.

Von Resi Jutz,
Waizenried

Kalbshaxe – italienischer Art

Zutaten:
1 Kalbshaxe (vom Metzger in ca. 2 cm dicke Scheiben zersägen lassen)
2 Zwiebeln
6 Karotten
1 Stange Sellerie
4 Knoblauchzehen
1 Dose gewürfelte Tomaten
5 EL Olivenöl
1 EL Butter
1/8 l Weißwein
1/8 l Brühe
Petersilie, Thymian
Basilikum
Schale von 1/2 Zitrone

Fleischscheiben salzen, pfeffern, in Mehl wenden, von beiden Seiten in Olivenöl anbraten und in Römertopf oder Bräter legen. Fett abgießen. Fond mit Weißwein und Brühe ablöschen und über das Fleisch gießen. Tomaten über das Fleisch geben, Gemüse in Butter andünsten und ebenfalls über das Fleisch geben. Knoblauch darüber pressen und Kräuter darübergeben. Topf schließen, im vorgeheizten Ofen bei 200 Grad ca. 1 1/2 Stunden garen.
Geriebene Zitronenschale über die Fleischscheiben streuen.
Dazu schmecken Bandnudeln und frischer Salat oder Gemüse der Saison.

Von Brunhilde Kögel,
Frauenzell

Kalbsmedaillons überbacken

Zutaten:
8 Kalbsmedaillons
4 EL Öl
Salz, Pfeffer
4 Tomaten
1/2 Salatgurke
1 Bund Dill
8 Scheiben gekochter Schinken
8 Scheiben Gouda
300 g Crème fraîche
1 bis 2 TL Senf

Das Fleisch flach klopfen und in heißem Öl braun anbraten, mit Salz und Pfeffer würzen. Die Tomaten quer in Scheiben schneiden. Die Gurke schräg in Scheiben schneiden. Den Dill hacken, Medaillons aus der Pfanne nehmen, auf ein Backblech legen und nacheinander mit Gurken, einer Hälfte Dill, Schinken, Tomaten und Käse belegen. Die Medaillons sechs bis acht Minuten überbacken. Umluft 250 Grad. Crème fraîche in den Bratensud rühren und zwei Minuten einkochen.

Von Margit Krug, Ottobeuren

Kalbsnuss in Garnelenrahm

Zutaten:
1 Zwiebel
1 grüne Paprikaschote
250 g Champignons
600 g Kalbsnuss
2 EL Butterschmalz
Salz, Pfeffer
100 ml Weißwein
200 ml Fleischbrühe
150 ml Sahne
1 EL Soßenbinder
1 Prise Muskat
1 Prise Cayennepfeffer
1/2 TL Zitronensaft
1/2 TL Worcestersoße
1/2 TL trockener Sherry
150 g Garnelenschwänze
(küchenfertig)

Zwiebeln abziehen, fein würfeln. Paprikaschote abbrausen, putzen, in feine Streifen schneiden. Champignons putzen und in dünne Scheiben schneiden. Fleisch in Würfel schneiden. Im Butterschmalz anbraten, salzen, pfeffern und aus der Pfanne nehmen. Zwiebeln im Bratenfett glasig andünsten. Paprika und Champignons zufügen, kurz mitdünsten, mit Weißwein ablöschen. Brühe und Sahne angießen und ca. acht Minuten köcheln lassen. Soße mit Soßenbinder binden, mit Salz, Pfeffer, Muskat, Cayennepfeffer, Zitronensaft, Worcestersoße und Sherry abschmecken. Garnelenschwänze abbrausen, mit dem Fleisch in die Soße geben und kurz erhitzen.

Tipp: Dazu reicht man frischen Salat.

Von Silvia Frey,
Ottobeuren

Kalbsröllchen mit Pilz-Brät-Füllung

Zutaten:
4 Kalbsschnitzel
30 g getrocknete Pilze
Salz, Pfeffer, Muskat
300 g Kalbsbrät
1 EL Estragon
1 EL Öl
ca. 1/4 l Weißwein
ca. 1/4 l Brühe

Pilze einweichen (15 Minuten in kaltem Wasser). Fleisch würzen. Brät mit fein gehackten Pilzen vermengen und abschmecken. Die Fülle auf die Schnitzel streichen, zusammenrollen, feststecken, mit Estragon bestreichen. Rouladen in die heiße Pfanne geben, kurz anbraten, mit Wein und Pilzwasser angießen, fünf Minuten offen köcheln. Brühe zugeben und 25 Minuten schmoren lassen. Rouladen herausnehmen, Soße binden und abschmecken.

Von Brigitte Natterer,
Bad Grönenbach

Kalbsröllchen

Zutaten:
6 bis 8 dünne Kalbsschnitzel
3 bis 4 eingelegte oder getrocknete Tomaten
1 Glas Pesto (Basilikum-Knoblauchpaste) oder
200 g Kräuterfrischkäse
Salz, Pfeffer
2 EL Öl
etwas Crème fraîche
1 EL Tomatenmark

Die Schnitzel klopfen, mit Salz und Pfeffer würzen, mit Pesto oder Frischkäse bestreichen. 1/2 getrocknete Tomate darauf legen, aufrollen, mit einem Spieß feststecken. Öl erhitzen, die Rollen rundum anbraten, mit 1/4 l heißem Wasser angießen und 45 Minuten garen. Crème fraîche mit Tomatenmark verrühren und die Soße damit abschmecken.

Von Elfriede Dorn, Lauben
Bild: Sylvia Weixler

Kalbsschnitzel mit Kruste

Zutaten:
4 Kalbsschnitzel
Salz, Pfeffer
2 EL Öl
4 Scheiben
Parmaschinken
1 Zweig Rosmarin
2 Zweige Petersilie
100 g Butter
80 g geriebener Parmesan
1 Eigelb
70 g zerbröseltes
Weißbrot

Den Backofen vorheizen, vier kleine Kalbsschnitzel mit Fleischklopfer schön flach klopfen. Mit Salz und Pfeffer würzen und in Öl auf beiden Seiten 2 Minuten anbraten. Jedes Schnitzel mit einer Scheibe Parmaschinken umwickeln und auf eine hitzebeständige Platte geben. Einen halben kleinen Zweig Rosmarin und zwei Zweige Petersilie abbrausen, trocken schütteln und Nadeln und Blätter fein hacken. Mit weicher Butter, geriebenem Parmesan, dem Eigelb und dem zerbröselten Weißbrot vermischen und auf die Schnitzel streichen. Im Ofen (Mitte) in etwa vier Minuten goldbraun gratinieren.

Von Sofie Weixler,
Betzigau
Bild: Rosi Müller

Kalbsvögel-Schwalbennester

Zutaten:
4 Kalbsschnitzel à 150 g
Salz, weißer Pfeffer
1 EL Senf
4 Scheiben Lachsschinken
4 hartgekochte Eier
30 g Margarine
1 Zwiebel
1/4 l heiße Würfelbrühe
1 TL Tomatenmark
1 Prise Zucker

Die Schnitzel trocken tupfen, mit Salz und Pfeffer einreiben. Eine Seite mit Senf bestreichen, je 1 Schinkenscheibe und 1 geschältes Ei darauf legen, aufrollen und mit Garn umwickeln. In der erhitzten Margarine rundum anbraten, die geschälte, gewürfelte Zwiebel zugeben und kurz mit anbraten. Mit der Brühe aufgießen und zugedeckt 25 Minuten schmoren lassen. Die Soße mit dem Tomatenmark und den Gewürzen abschmecken. Von den Schwalbennestern das Garn entfernen.

Tipp: Dazu empfehle ich Kartoffelpüree und grünen Salat.

Von Rita Ortmann,
Argenbühl

Ochsenmaulsalat

Zutaten:
500 g gepresster Kalbskopf in dünnen Scheiben
1 Zwiebel
Salz, Pfeffer
8 EL Weißweinessig
3 EL Wasser
6 EL Öl
Petersilie

Die gepressten Kalbskopfscheiben in Würfel schneiden und in eine Schüssel geben. Die Zwiebel schälen, fein würfeln und dazu geben. Petersilie waschen, klein hacken und darüber streuen. Salatmarinade aus Weißweinessig, Wasser, Öl, Salz und frisch gemahlenem Pfeffer darüber geben (Salat schluckt viel Feuchtigkeit). Mischen und mindestens drei Stunden durchziehen lassen. Bei Bedarf nachwürzen.

Tipp: Mit Brot, Baguette oder Vollkornsemmel zur Brotzeit reichen.

Von Doris Kulle,
Immenstadt

Rollbraten

Zutaten:
1 kg Kalbsrücken
300 g Rinderbrät
1/2 Knolle Fenchel
500 g Kartoffeln
3 Karotten
2 Zwiebeln
etwas Knoblauch
1 Ei
Semmelbrösel
Muskatnuss
Milch
200 g dünn geschnittenen Rückenspeck (1 bis 2 mm, am besten beim

Kalbsrücken so zurechtschneiden, um diesen später rollen zu können. Dazu den Kalbsrücken waagrecht vor sich hinlegen, im oberen Drittel den Rücken der Länge nach aufschneiden, ohne ihn durchzuschneiden. Den Braten drehen, dass die geschnittene Klappe rechts liegt, dann das untere Drittel einschneiden, um ein flaches Stück Fleisch zu erhalten.

Für die Füllung das Brät mit einem Ei, etwas Muskat, Salz, Pfeffer, Milch und etwas Semmelbrösel mischen (ähnlich einer Brätknödelzubereitung). Diese Brätmischung auf den Kalbsrücken reiben, um eine Bindung zu erreichen, damit

Metzger auf der Aufschnittmaschine schneiden lassen)

Soße:
300 g Champignons
1/2 Zwiebel
1 Zehe Knoblauch
1 Becher Sahne
1/4 l Rosé
etwas Muskatnuss
Salz
Pfeffer
Rosmarin
Pilzgewürzmischung

die Füllung beim Schneiden nicht aus dem Braten fällt. Mit in feine Scheiben geschnittenem Rückenspeck das gesamte Brät bedecken. Der Speck sollte nicht überlappen. Auf der Speckschicht den Braten nach Belieben würzen. Kalbsrücken eng – aber ohne zu fest zu drücken – rollen, damit das Brät nicht ausläuft. Den Braten so mit einem Bindfaden zusammenbinden, dass sich Scheibenabstände ergeben.
Den Braten in einen Bräter ohne Deckel legen. Die Kartoffeln vierteln und die Karotten und den Fenchel in Streifen schneiden. Links und rechts seitlich zum Braten legen.
Den Braten 1 1/2 Stunden bei 150 Grad Ober-/Unterhitze, im Ofen garen. Je nach Ofen kontrollieren, damit der Braten eine schöne Bräune erhält.

Von Joachim Plath, Durach

Für die Soße die Zwiebel, Champignons und Knoblauch in etwas Butter andünsten, mit 1/4 l Rosé ablöschen, etwas Muskat, Salz, Pfeffer und Rosmarin dazugeben und einkochen lassen. Zum Schluss Sahne und etwas Pilzgewürz hinzugeben und abschmecken.

Tipp: Immer den gleichen Wein servieren, der auch zum Kochen verwendet wird!

Türkische Pfanne

Zutaten:
500 g mageres Kalbsfleisch
2 kleine Stangen Lauch
100 g Champignons
4 Knoblauchzehen
2 EL Olivenöl
1 EL Butter
Salz, Pfeffer

Kalbsfleisch klein würfeln, mit Salz und Pfeffer würzen und in wenig heißem Fett gar braten, dann warm stellen. In einer anderen Pfanne Olivenöl und etwas Butter erhitzen, den fein geschnittenen Knoblauch kurz andünsten und den in Ringe geschnittenen Lauch sowie die blättrig geschnittenen Champignons zufügen und 10 Minuten dünsten lassen.
Nun das Kalbsfleisch wieder zugeben und alles zusammen nochmals kurz erhitzen.

Tipp: Unangenehmer Knoblauch-Mundgeruch verschwindet fast ganz, wenn sie nach einer herzhaften Knoblauchspeise ein Glas Milch trinken oder Schokolade essen.

Von Carolin Eurisch,
Marktoberdorf

Weißwurstsalat

Zutaten:
3 Paar Weißwürste
1 kleine Zwiebel
1 Bund Zwiebelröhrchen (Schnattern)
500 g Tomaten
2 EL Essig
2 EL Öl
4 EL Wasser
Salz, Pfeffer

Weißwürste enthäuten und in Scheiben schneiden. Tomaten in 1/16, Zwiebel in Würfel, Zwiebelröhrchen 1 cm lang schneiden. Alles in eine schöne Glasschüssel geben und mit der Marinade abschmecken.
Dazu frisches Brot reichen.

Von Berta Wiest,
Osterberg
Bild: Gabi Striegl

Zürcher Geschnetzeltes

Zutaten:
600 g Kalbsfilet
1 bis 2 Zwiebel
1 EL Öl
1 EL Butter
1 bis 2 EL Mehl
1/8 l Fleischbrühe
1/8 l trockener Weißwein
1/8 l Sahne
Salz, weißer Pfeffer

Das Fleisch in feine Streifen schneiden, die Zwiebel schälen und fein würfeln.
Das Öl und die Butter in einer Pfanne erhitzen und die Zwiebelwürfel darin glasig dünsten. Das Fleisch zugeben, mit Mehl bestäuben und unter ständigem Wenden bei mittlerer bis starker Hitze anbraten. Danach die Fleischstreifen aus der Pfanne nehmen. Den Bratensatz mit der Fleischbrühe unter Rühren loskochen. Den Weißwein zugießen, das Fleisch wieder in die Soße geben und nochmals kurz erhitzen. Zuletzt die Sahne unter das Kalbsgeschnetzelte rühren und mit Salz und Pfeffer abschmecken.

Tipp: Dazu passen hausgemachte Spätzle und verschiedene Salate.

Von Sieglinde Weinhardt,
Markt Rettenbach

Hackfleisch
Wurst
Gemischtes Fleisch

Allgäuer Auflauf

Zutaten:
400 g Rinderhackfleisch
50 g Speck, geräuchert
2 Zwiebeln
1 Knoblauchzehe
1 EL Butterschmalz
100 ml Weißwein
3 EL Tomatenmark
Salz, Pfeffer
400 g Sauerkraut
200 g geriebener Emmentaler
150 g Naturjoghurt

Speck, Zwiebeln, Knoblauch in Butterschmalz fein gewürfelt andünsten. Hackfleisch anbraten und mit Weißwein oder Brühe ablöschen. Eine gebutterte Auflaufform mit der Hälfte der angebratenen Hackmasse füllen, 100 g Emmentaler darüber streuen, Sauerkraut zerpflücken und darauf verteilen, restliche Hackmasse verteilen. 100 g Emmentaler mit dem Joghurt verrühren und über dem Auflauf verteilen. Bei 200 Grad 30 Minuten backen, ohne Deckel. Dazu passt Kartoffelbrei.

Tipp: Eine etwas eigenwillige Mischung, schmeckt aber sehr lecker.

Von Monika Wessle,
Leutkirch

Bauernpfanne

Zutaten:
100 g roh geräucherter, durchwachsener Speck
200 g Fleischwurst
700 g Pellkartoffeln
1 Zwiebel
3 EL Butterschmalz
Salz, Pfeffer
1/2 TL Kümmel
6 Eier
3 EL Wasser
1 EL Schnittlauchröllchen

Butterschmalz in der Pfanne erhitzen. Die in Scheiben geschnittenen Kartoffeln gut anbraten, den gewürfelten Speck dazugeben und mit braten. Dann die in Würfel geschnittenen Zwiebel und die Gewürze dazugeben und alles knusprig braten.
Eier mit Wasser verquirlen, leicht salzen und pfeffern. Über die knusprigen Kartoffeln gießen und stocken lassen. Omelett auf eine vorgewärmte Platte stürzen, mit Schnittlauch bestreuen.
Dazu schmeckt Tomatensalat.

Von Maria Seitz,
Westernach

Bauerntoast

Zutaten:
4 Scheiben gekochter (oder roher) Schinken
4 Eier
4 EL Milch
1 Prise Salz
1 Messerspitze Curry
4 EL Instant-Haferflocken
2 EL Butter
Salz, Pfeffer
4 Scheiben geröstetes Bauernbrot

Die Eier mit der Milch, dem Salz und etwas Curry sehr schaumig schlagen. Dann die Haferflocken dazugeben und 15 Minuten quellen lassen. Inzwischen den Schinken würfeln und in ein wenig Fett leicht rösten und beiseite legen. Das restliche Fett in einer Pfanne erhitzen und die Eiermasse einfüllen. Nach 1 Minute leicht umrühren, die Pfanne abdecken und die Eier-Flocken gut 5 Minuten bei geringer Hitzezufuhr stocken lassen. Die fertigen Eier-Flocken auf die 4 Brotscheiben verteilen und nach Belieben mit Schnitttlauch und Pfeffer bestreuen. Dazu schmeckt ein gemischter Salat lecker.

Tipp: Statt Schinken habe ich Salami verwendet.

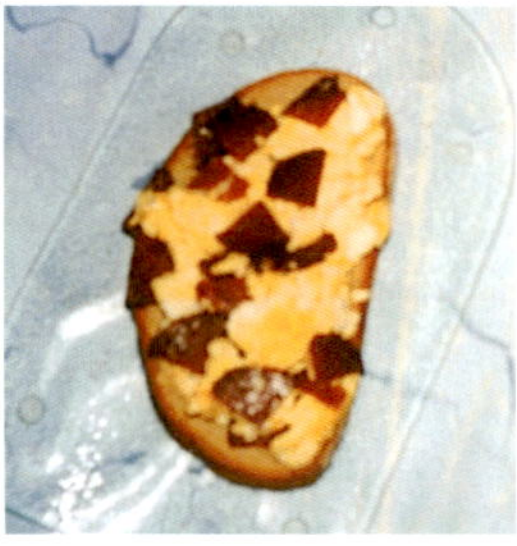

Von Stefanie Jäger, Böhen

Blumenkohl-Auflauf mit Hack

Zutaten:
300 g mageres Rinderhackfleisch
1 Blumenkohl
250 g Tomaten
250 g Lauch
Salz
2 EL Butter
1/2 TL schwarzer Pfeffer
120 g Schmelzkäse

Blumenkohl und Lauch putzen und waschen, Blumenkohl in Röschen teilen. Tomaten überbrühen, enthäuten und in Sechstel schneiden. Lauch in feine Ringe schneiden. Blumenkohl 15 Minuten in kochendem Salzwasser garen, dann auf einem Sieb abtropfen lassen. Lauch in heißer Butter andünsten, Hackfleisch zufügen und leicht anbräunen. Hackmasse mit Salz und Pfeffer abschmecken. Eine Auflaufform mit den Blumenkohlröschen auslegen. Tomatenstücke und Lauch-Hack-Masse darüber füllen. Schmelzkäse in Flöckchen auf den Auflauf setzen und im Backofen bei 225 Grad 30 Minuten überbacken. Zubereitungszeit 50 Minuten.

Tipp: Heiß in der Form mit frischem Brot servieren.

Von Sonja Baiz,
Weitnau

Deftige Hackfleischsuppe

Zutaten:
500 g Rinderhackfleisch
500 g passierte Tomaten
1 große Zwiebel
1 Becher süße Sahne
2 EL Mehl
1 EL Öl
1 guter Schuss Sojasoße
1/8 bis 1/4 l Rotwein
Knoblauch, Sambal Oelek
Salz, Pfeffer
Muskat, Pizzagewürz

Hackfleisch und Zwiebel in Öl anrösten. Mit Tomatenmark ablöschen. Gewürze, Kräuter und etwas Wasser zufügen. 10 Minuten köcheln lassen. Wein und Sojasoße zufügen, weitere 10 Minuten garen. Zum Schluss Sahne zufügen, nochmals abschmecken.

Tipp: Dazu passt frisch gebackenes Weißbrot.

Von Viktoria Leichtle,
Unteregg

Falscher Hase

Zutaten:
300 g Rinderhack
300 g gemischtes Hack
1 Semmel vom Vortag
2 Zwiebeln
1 EL Butter
1 Ei
Salz, Pfeffer
Paprikapulver
1 Messerspitze Muskat
4 Scheiben Frühstücksspeck
1 Packung dunkle Bratensoße

Semmel 15 Minuten in lauwarmem Wasser einweichen. Zwiebeln abziehen, fein würfeln. Butter erhitzen, die Zwiebeln darin andünsten. Hackfleisch in eine Schüssel geben. Zwiebeln, ausgedrückte Semmel und Ei dazugeben. Gut verkneten und mit Salz, Pfeffer, Paprika, Muskat kräftig würzen. Ofen auf 180 Grad vorheizen. Teig zu einem ovalen Laib formen. In eine flache Auflaufform setzen, mit dem Speck belegen. Ca. eine Stunde backen.
Braten herausnehmen und warm stellen. Den Fond mit 250 ml Wasser lösen und in ein Töpfchen durchsieben. Aufkochen. Soßenpulver einrühren, ca. 1 Minute köcheln lassen. Mit Salz und Pfeffer abschmecken. Den Hackbraten aufschneiden, mit der Soße servieren. Dazu schmecken Blaukraut und Salzkartoffeln.

Von Maria Meusburger, Niedersonthofen

Feurige Wurstspieße

Zutaten:
2 Paar Wiener
1 Zwiebel
1 Paprikaschote
1 bis 2 Essiggurken
oder 1/2 Salatgurke
Paprikapulver
Salz, Pfeffer
Öl zum Beträufeln

Jeden Wiener in 4 Stücke schneiden. Zwiebel schälen, Paprikaschote waschen und beides in Stücke schneiden. Die Essiggurken oder Salatgurke in Scheiben schneiden. Anschließend alle Zutaten auf einen Holzspieß stecken und auf ein Backblech mit Gitterrost legen. Spieße würzen und mit etwas Öl beträufeln. Im Backofen bei 180 Grad Heißluft 15 bis 20 Minuten backen. Nach Belieben mit Pfeffersoße zubereiten.

Tipp: Als Beilagen passen Pommes frites oder Reis.

Guten Appetit.

Von Birgit Knoll,
Kempten

Flammkuchen

Zutaten Boden:
200 g Mehl
1 EL Öl
10 g Hefe
1 Prise Zucker
1/2 TL Salz
100 ml warmes Wasser

Zutaten Belag:
200 g Kochschinken
100 g Speckwürfel
1 Becher Schmand
Knoblauch
Zwiebel
etwas geriebener Käse
Salz, Pfeffer

Hefeteig bereiten, dünn ausrollen und auf Blech legen.
Schmand auf Teig streichen. In Würfel geschnittener Schinken und Speck darauf streuen. Knoblauch und Zwiebel klein geschnitten ebenso. Mit Salz und Pfeffer würzen. Zuletzt geriebenen Käse darüber streuen. Bei 175 Grad ca. 20 bis 30 Minuten backen. Dazu passt grüner Salat.

Tipp: Schmeckt sehr gut zu Wein.

Von Susanne Martin,
Sonthofen

Fleischpastete im Blätterteig

Zutaten:
2 Karotten
100 g Zuckerschoten
100 g gefrorene Erbsen
1 Zwiebel
150 g gekochter Schinken
150 g geräucherte Putenbrust
1 EL Butter
1 Bund Petersilie
200 g Bratwurstbrät
100 ml Schmand
2 Eier
Pfeffer
1 Packung Blätterteig (300 g)
1 Eigelb

Karotten klein würfeln und in Salzwasser 1 Minute kochen, Zuckerschoten in Streifen schneiden und Erbsen auftauen (eventuell eine Minute kochen).
Schinken, Putenbrust und Zwiebel würfeln, Petersilie hacken und alles in Butter andünsten. Gemüse, Schinkenmischung, Bratwurstbrät, Pfeffer, Eier und Schmand mischen. Blätterteig auftauen, zwei Scheiben übereinanderlegen und 30 x 20 cm groß ausrollen. Fleischpastete in die Teigmitte geben und rundherum einen 3 cm dicken Rand freilassen. Den restlichen Teig ausrollen und über die Paste als Haube legen. Rand um die Füllung herum einrollen und den Deckel mit Eigelb bestreichen und oben mehrmals mit einer Gabel bestechen.
Pastete bei 200 Grad ca. 50 Minuten backen.

Von Rosi Leitenmaier,
Pfronten-Weißbach

Fleischtöpfchen

Zutaten:
200 g Schweinefleisch
200 g Rindfleisch
100 g geräucherter Speck
2 Zwiebeln
200 g Champignons
1 rote Paprika
1/4 l Brühe
200 ml Sahne
20 g Speisestärke

Fleischwürfel (2 cm-Stücke) in Fett ca. 10 Minuten anbraten, aus dem Fond nehmen, beiseite stellen. Zwiebel- und Speckwürfel hellbraun rösten, Champignons- und Paprikastreifen zugeben. Die Brühe, Sahne und Speisestärke verrühren, damit ablöschen, aufkochen lassen und 30 Minuten garen.

Tipp: Dazu passen Spätzle, Reis oder Kartoffelbrei.

Von Monika Wessle,
Leutkirch

Frikadellen mit Mozzarella

Zutaten:
500 g Rindfleisch
2 EL Magerquark
1 Ei
1 Zwiebel
1 Bund Petersilie
1/2 TL Basilikum
Salz, Pfeffer
6 Tomaten
150 g Mozzarella
1 unbehandelte Zitrone
Basilikum zum Garnieren

Zwiebel und Petersilie fein hacken, Hackfleisch, Quark, Ei, gehacktes Basilikum, Zwiebel, Petersilie zu einem festen Teig verarbeiten. Mit Salz und Pfeffer abschmecken und kleine flache Frikadellen formen. Frikadellen in einer Pfanne von jeder Seite goldbraun braten. Tomaten waschen, in dicke Scheiben und Mozzarella in dünne Scheiben schneiden.
Auflaufform ausfetten und die Frikadellen, Tomaten- und Käsescheiben darin fächerförmig einschichten. Das Gericht im vorgeheizten Backofen ca. 20 Minuten bei 180 Grad überbacken. Zitrone waschen, abreiben und zum Schluss darüber geben. Mit frischem Basilikum garnieren.

Tipp: Dazu kann man Salate und Nudeln essen.

Von Renate Mayer,
Sontheim

Gefüllte Pfannkuchen

Zutaten:
300 g Hackfleisch gemischt
200 g Brät
2 Eier
etwas Semmelbrösel
1 Paprikaschote
geriebener Käse

Für Pfannkuchenteig:
300 g Dinkelmehl
3 Eier
600 ml Wasser
Petersilie

Aus Mehl, Wasser, Eier und Petersilie einen Pfannkuchenteig zubereiten. In einer beschichteten Pfanne mit etwas Öl ca. acht bis 10 Pfannkuchen ausbacken.
Mit Hackfleisch, Brät, Eier und Semmelbrösel den Fleischteig herstellen und gut abschmecken. Paprikaschote in Streifen schneiden. Fleischteig dünn in Pfannkuchen streichen, mit Paprikastreifen belegen, Käse darüber streuen, aufrollen und in eine Auflaufform legen und bei 180 Grad 20 Minuten backen.
Dazu kann man Salat und eine feine Tomatensoße reichen.

Tipp: Unser zweijähriger Lausbub Mathias isst diese Pfannkuchen mit Genuss.

Von Christine Brader,
Dickenreishausen

Gefüllte Zucchini

Zutaten:
300 g Rinderhackfleisch
4 Zucchini
1 kleine Zwiebel
2 EL Olivenöl
1 Ei
2 TL Tomatenmark
Semmelbrösel
Salz, Pfeffer
Paprika edelsüß
2 EL gehackte Petersilie
1/8 l Fleischbrühe
1/8 l Tomatensaft
100 g geriebener Emmentaler
1 EL Basilikum
Fett für die Form

Zucchini waschen, putzen, der Länge nach halbieren, aushöhlen, in Salzwasser ca. 2 Minuten blanchieren, abtropfen lassen. Zwiebel fein hacken, in Öl glasig dünsten, abkühlen lassen, Zwiebel, Hackfleisch, Ei, Tomatenmark und Semmelbrösel mischen, mit Salz, Pfeffer, Paprika würzen, Petersilie dazugeben. Zucchinihälften füllen, in gefettete Form setzen. Fleischbrühe und Tomatensaft angießen, im vorgeheizten Ofen bei 180 Grad 15 Minuten garen. Mit Käse bestreuen und weitere 15 Minuten überbacken. Soße mit Salz, Pfeffer, Basilikum abschmecken. Als Beilage passt Kartoffelpüree. 30 Minuten backen bei 180 Grad

Tipp: Die Zutaten können auch mit Wammerl, Tomaten und Pilzen ergänzt werden.

Von Theresia Simon,
Erkheim

Gemüse-Hackfleisch-Lasagne

Zutaten Füllung:
1/2 Zwiebel
150 g Hackfleisch
2 Karotten
1 Paprika
1 Dose Pilze
1 Dose pürierte Tomaten
1 EL Tomatenmark
Salz, Pfeffer
Paprika, Thymian
Basilikum, Oregano

Bechamelsoße:
30 g Butter
3 EL Mehl
1/2 l Milch und Wasser
Brühwürze
Salz, Pfeffer, Muskat

Sonstiges:
Butter zum Einfetten
200 g Lasagneteigplatten
150 g geriebener Käse
1 Becher Crème fraîche

Zwiebel klein schneiden, in der Pfanne andünsten, Hackfleisch hinzugeben und anbräunen. Karotten, Paprika und Pilze ebenfalls klein schneiden, zusammen mit dem Hackfleisch andünsten. Das Ganze mit den pürierten Tomaten aufgießen. Die Soße mit Tomatenmark, Salz, Pfeffer, Paprika, Oregano, Thymian, Basilikum würzen und fünf bis 10 Minuten durchkochen lassen.
Für die Bechamelsoße die Butter erhitzen, Mehl zugeben und anschwitzen. Die Flüssigkeit langsam nach und nach zugeben, nebenbei gut rühren. Soße mit Brühwürze, Salz, Pfeffer, Muskat würzen und ca. fünf Minuten kochen lassen.
Form gut einfetten. Mit Teigplatten auslegen, abwechselnd Füllung, Bechamelsoße und Teigplatten einschichten. Am Ende die restliche Bechamelsoße übergießen, kleine Häufchen Crème fraîche verteilen und zum Schluss Käse darüber streuen. Backtemperatur: 180 Grad. Backzeit: 35 bis 45 Minuten.

Von Angelika Moser,
Sontheim

Hackbällchen mit Mozzarella

Zutaten:
400 g Hackfleisch
1 Tomatensoße (Instant)
1 Semmel vom Vortag
1 Zwiebel
Salz, Pfeffer
2 TL Senf
1/2 l Milch
250 g Mozzarella

Die Semmel einweichen. Die Zwiebel fein würfeln. Semmel ausdrücken, mit Zwiebel und Hackfleisch zu einem Fleischteig verarbeiten. Mit Salz, Pfeffer und Senf würzen. Den Teig zu Bällchen formen und in eine gefettete Auflaufform setzen. Tomatensoße mit Milch anrühren und über die Hackbällchen gießen. Mozzarella in Scheiben schneiden und auf die Hackbällchen legen. Bei 200 Grad für 30 Minuten im Backofen überbacken.
Tipp: Dazu schmecken Kümmelkartoffeln und frischer Salat.

Von Silvia Frey,
Ottobeuren

Hackbraten »Gratin«

Zutaten:
500 g gemischtes Hackfleisch
1 alte Semmel
1 Ei
Salz, Pfeffer
Senf, Petersilie
200 g Käse
1 TL Kräuter der Provence
1 kg Kartoffeln
Salz, Muskat
1/4 l Milch oder Sahne

Die Semmel einweichen, ausdrücken, Hackfleisch, Semmel, Ei und Gewürze gut vermischen. Den Käse in dicke Stangen schneiden. Den Fleischteig zu einem länglichen Laib formen. In der Mitte den Käse gut eindrücken. Den Laib in eine gebutterte Form setzen. Die Kartoffeln schälen, in dünne Scheiben hobeln, rund um den Hackbratenlaib schichten, würzen und Sahne darüber gießen. Bei 200 Grad für eine Stunde backen.
Schmeckt super.

Von Maria Zeller,
Bad Grönenbach

Hackbraten mit Käse

Zutaten:
500 g Hackfleisch
150 g Käse
2 Eier
2 Semmel
1 Zwiebel
etwas Butter
eventuell Semmelbrösel
Petersilie
Salz, Pfeffer, Paprika

Die Semmel in kleine Würfel schneiden und in etwas Wasser einweichen. Zwiebel schälen, fein würfeln und in etwas Butter andünsten. Den Käse in etwa 1 cm große Würfel schneiden.
Alle Zutaten vermengen, mit den Gewürzen kräftig abschmecken und zu einem Laib formen. In einer Auflaufform bei 200 Grad ca. eine Stunde fertig backen.

Von Magdalena Pfalzer,
Memmingen

Hackfleisch-Baguette

Zutaten:
200 g Hackfleisch
4 Baguettes
30 g Butter
4 Speckscheiben
1 Zwiebel
1 rote Paprikaschote
100 g Gouda
Salz

Von dem Baguette einen flachen Deckel abschneiden. Einen Teil der Krume herauslösen und zerbröseln. In Butter anbraten und zur Seite stellen. Die Zwiebel und die Paprikaschote in kleine Würfel schneiden, ebenfalls in Butter anbraten und das Hackfleisch dazugeben. Mit Salz, Pfeffer, je 1/2 TL Thymian und Basilikum kräftig würzen. Die Brotkrumen untermischen. Die Masse in die Brötchen füllen. Mit dem Speck und in Streifen geschnittenem Gouda belegen. Im vorgeheizten Backofen etwa 12 bis 15 Minuten bei gut 200 Grad überbacken.

Von Gertraud Neuwirth,
Pless

Hackfleisch überbacken

Zutaten:
300 g Hackfleisch
2 Semmeln
2 Eier
Salz, Pfeffer
Majoran
Brühe
1 Zwiebel
1/2 rote Paprika
1/2 grüne Paprika
1 Knoblauchzehe
1 Karotte
Semmelbrösel
1 Becher Schmand
200 g geriebener Emmentaler

Semmeln in Wasser einweichen. Zwiebel, Paprikas, Knoblauch, Karotte und Kartoffel klein schneiden und andünsten, mit etwas Flüssigkeit ca. 10 bis 15 Minuten köcheln lassen (zugedeckt). Die Masse etwas abkühlen lassen. Die Semmeln ausdrücken. Hackfleisch, Eier, Semmeln und Gemüse miteinander verkneten und etwas Semmelbrösel dazugeben.

Die Masse in eine große flache Auflaufform füllen und glatt drücken.

Im vorgeheizten Ofen bei 200 Grad ca. 20 Minuten backen.

Geriebener Emmentaler und Schmand verrühren und auf die Hackfleischmasse streichen.

Nochmal 10 Minuten weiterbacken (soll hell bleiben.

Tipp: Salzkartoffeln mit Salat passen gut dazu.

Von Luitgard Hartmann, Stötten a. A.

Hackfleisch vom Blech

Zutaten:
750 g Hackfleisch gemischt
1 große Zwiebel
2 Knoblauchzehen
120 g Karotten
30 g Butter
2 Eier
2 eingeweichte Brötchen
1 TL Oregano
1 TL Thymian
1/2 TL Pfeffer
1 EL Salz
1 EL Paprika
2 EL Worcestersoße
1 1/2 EL Zitronensaft
2 EL Pastetengewürz
300 g Tiefkühl-Blattspinat
250 g Emmentaler
400 g Crème fraîche
3 Eigelb

Zwiebel und Knoblauchzehen klein schneiden, Karotten klein hobeln und zusammen mit der Butter andünsten. Hackfleisch, Eier, eingeweichte Brötchen und die Gewürze zusammen verkneten. Den Blattspinat mit einem Messer verkleinern und unter den Hackfleischteig mischen. Die Spinat-Hack-Masse auf ein gefettetes, tiefes Backblech streichen, im vorgeheizten Backofen 30 Minuten backen und etwas auskühlen lassen.

Emmentaler reiben und mit Crème fraîche und den drei Eigelb verrühren. Auf das Fleisch streichen und bei 160 Grad weiterbacken, bis die Oberfläche goldbraun geworden ist (ca. 30 Minuten).

Tipp: Pastetengewürz kann durch Muskat und Nelken ersetzt werden.

Das Gericht ist gut für ein Buffet geeignet und kann warm mit Soße oder kalt mit Salsa, Chutney oder Honigsenf serviert werden.

Von Claudia Barnsteiner, Altdorf

Hackfleischküchle mit Feta

Zutaten:
500 g Rinderhackfleisch
2 Semmeln
1 Zwiebel
2 Eier
1 TL Oregano
1 TL Paprika edelsüß
Salz, Pfeffer

Füllung:
150 g Feta Schafskäse

Zum Bestreichen:
1 EL Rotwein
1 EL Olivenöl
1 Prise Muskat

Backofen auf 175 Grad vorheizen. Semmeln in Wasser einweichen, dann gut ausdrücken. Aus Hackfleisch, Zwiebelwürfel, Ei, Semmeln und Gewürzen einen Teig herstellen. Pro Küchle je 1 gestrichenen EL Hackfleischmasse auf das Backblech geben und flach drücken. Fetawürfel darauf verteilen. Auf jeden Fladen 1 EL Hackfleisch geben und fest andrücken. Backen bei 175 Grad Heißluft, mittlere Schiene ca. 25 bis 30 Minuten.
Wein mit Muskat und Öl vermischen und Küchle ca. fünf Minuten vor Ende der Garzeit damit bestreichen.
Dazu passen Nudeln mit Tomatensoße.

Tipp: Reis, Tsatsiki, Krautsalat passen ebenfalls gut dazu.

Von Silvia Uhl,
Erkheim

Hackfleischküchle mit Käse

Zutaten:
375 g Schweinehack-
fleisch
1 alte Semmel
etwas Milch
1 Ei
1 Zwiebel
2 EL Petersilie
1 EL Butter
Salz, Pfeffer
Paprika, Knoblauch
100 g Emmentaler
eventuell Semmelbrösel
Fett für die Pfanne

Die Semmel in der Milch einweichen. Die Zwiebel und die Petersilie zerkleinern und in der Butter andünsten. Den Käse in kleine Würfel schneiden. Aus den angegebenen Zutaten einen Hackfleischteig herstellen. Daraus Fleischküchle formen und herausbraten.
Dazu passen Kartoffelbrei, Petersilienkartoffeln und Gemüse nach Wahl.

Tipp: Wer es herzhafter mag, kann auch einen würzigen Bergkäse verwenden.

Von Monika Hipp,
Stötten a. A.

Hackfleischpfannerl

Zutaten:
500 g gemischtes Hackfleisch
500 g Eierspätzle
1 Zwiebel
Salz, Pfeffer
2 EL Sojasoße
1 Becher Schmand
6 Scheiben Allgäuer Bergkäse
Petersilie zum Garnieren

Die Zwiebel schälen und fein schneiden. Die Eierspätzle nach Packungsvorschrift kochen (besser freilich: selbst machen), kalt abschrecken und im Sieb abtropfen lassen.
Das Hackfleisch in einer großen Pfanne kräftig anbraten, anschließend die Zwiebelwürfel dazugeben und goldgelb anbraten. Alles gut mit Salz, Pfeffer und Sojasoße würzen.
Den Schmand unterziehen und die Spätzle unterheben. Die Käsescheiben auflegen und ca. fünf bis 10 Minuten mit geschlossenem Deckel bei mittlerer Hitze auf dem Herd stehen lassen, bis der Käse geschmolzen ist. In der Zwischenzeit Petersilie waschen und klein schneiden.
Vor dem Servieren mit Petersilie bestreuen.
Tipp: Ist ein schnelles Gericht und schmeckt super.

Von Lucia Reisacher, Dietmannsried
Bild: Ulrike Finkenzeller

Hackfleischrolle

Zutaten:
300 g Hackfleisch
1 Blätterteigrolle
1 Karotte
1 Stange Lauch
1 Ei
Salz, Pfeffer
Petersilie

Alle Zutaten zusammenmischen.
Blätterteigrolle auf Arbeitsplatte auslegen.
Die Hälfte des Teiges mit Gitterschneider der Breite nach schneiden.
Hackfleischmischung auf den Rest Blätterteig streichen.
Teig aufrollen.
Gitter über die Hackfleischrolle legen.
In eingefettete Auflaufform legen und 45 Minuten bis eine Stunde bei 200 Grad backen.

Tipp: Dazu Salat reichen.

Von Rike Nieberle,
Ebenhofen

Hackfleischtopf

Zutaten:
250 g Hackfleisch
1 Dose gehackte Tomaten
1 Dose Pilze
1 Dose Kidney-Bohnen
2 Paprika
Salz, Pfeffer
Paprika oder Chilipulver

Das Hackfleisch anbraten, Tomaten zufügen, etwas köcheln lassen. Danach die Pilze und Paprika sowie die Bohnen zugeben und nochmals kurz kochen lassen. Mit Salz, Pfeffer, Paprika oder Chili würzen. Fertig.

Von Anne Jäger,
Böhen

Hackrolle mit Schafskäse

Zutaten:
750 g gemischtes Hackfleisch
2 Brötchen vom Vortag
1 Knoblauchzehe
1 mittelgroße Zwiebel
Thymian
1 Ei
Salz, Pfeffer
Paprika edelsüß
200 g Schafskäse
100 g Frühstücksspeck

Brötchen einweichen, Knoblauch und Zwiebeln schälen und hacken. Thymian waschen und hacken, mit Hack, Eiern, ausgedrücktem Brötchen, Zwiebeln und Knoblauch verkneten. Mit Salz, Pfeffer und Paprika würzen. Zwischen Folie zu einem Rechteck ausrollen. Schafskäse fein zerbröseln und die Hackplatte damit gleichmäßig bestreuen. Mit Hilfe der Folie fest aufrollen. Auf ein mit Backpapier belegtes Blech legen. Im vorgeheizten Backofen bei 175 Grad ca. 1 1/2 Stunden braten. Nach ca. einer Stunde mit Speck belegen.

Von Marianne Brey, Memmingen

Hacksteak Hubertus

Zutaten:
400 g gemischtes Hackfleisch
1 alte Semmel
2 Zwiebeln
2 Eier
Salz, Pfeffer
3 Zwiebeln
250 g Champignons
2 Gewürzgurken
1/8 l Instantbrühe
200 g Crème fraîche
2 TL Senf
Salz, Pfeffer, Zucker

Aus Hackfleisch, dem eingeweichten, ausgedrückten Semmel, gehackten Zwiebeln, Eiern und Gewürzen einen pikanten Hackteig zubereiten. Vier Steaks formen und in heißem Fett braten, warm stellen. Inzwischen Zwiebeln in Ringe, Champignons in Scheiben und Gurken in feine Streifen schneiden.
In dem Bratfond zuerst die Zwiebeln andünsten, Champignons zufügen, mit Brühe und Crème fraîche verrühren und etwas einkochen lassen. Mit Senf und Gewürzen abschmecken, zuletzt die Gewürzgurken unterrühren. Soße und Hacksteaks zusammen anrichten.

Von Gaby Fleschutz,
Probstried

Käsewürstchen

Zutaten:
8 Wiener
8 Scheiben Käse
16 Scheiben rohes oder gekochtes Wammerl

Würste der Länge nach einschneiden. Käse in Streifen schneiden und Würstchen damit füllen. Mit je zwei Scheiben Wammerl umwickeln. Die Würste in eine flache, feuerfeste Form oder auf Alufolie legen und in den Backofen schieben. Bei 170 Grad für ca. 10 Minuten backen.
Beilagen: Salat, Gemüse, Kartoffelbrei, Weißbrot.

Tipp: Geht schnell, kann man gut vorbereiten.

Von Monika Huber, Steingaden

Kartoffel-Burger

Zutaten:
500 g Kartoffeln
250 g Mehl
4 EL Sauerrahm
Salz, Pfeffer, Knoblauch

Füllung:
500 g Hackfleisch
1 Ei
Salz, Pfeffer
Semmelbrösel
12 Scheiben Käse
2 Tomaten
Salatblätter

Kartoffeln kochen, schälen, heiß durchdrücken, Butter zugeben. Etwas abkühlen lassen, Sauerrahm, Gewürze und Mehl zufügen. Teig gut kneten, Burger formen und bei 180 Grad goldgelb backen.
Aus dem Hackfleisch einen Hackfleischteig herstellen und ebenfalls zu Burger formen. In der Pfanne anbraten.
Tomaten in Scheiben schneiden. Salatblätter vorbereiten. Auf die Kartoffelburger ein Salatblatt geben. Darauf dann den Hackfleischtaler und die Tomatenscheiben legen. Mit Käse belegen und zweiten Kartoffeltaler darauf legen. Bei 180 Grad so lange backen, bis der Käse schmilzt.

Von Brigitte Natterer,
Bad Grönenbach

Kartoffel-Speck-Klöße

Zutaten:
200 g durchwachsener, geräucherter Speck
800 g Kartoffeln (mehlig)
Salz
5 Zwiebeln
1/8 l Milch
125 g Speisestärke
1 Becher Sahne
weißer Pfeffer

Kartoffeln gründlich waschen und ca. 20 Minuten in Salzwasser kochen. Speck fein würfeln und in einer trockenen Pfanne knusprig ausbraten. Zwiebeln schälen und bis auf zwei ebenfalls würfeln. Die anderen in Ringe schneiden und mit 3 EL ausgebratenem Speck zur Seite stellen. Zwiebelwürfel in die Pfanne geben und kurz mit anbraten. Aus der Pfanne nehmen und dann auf Küchenpapier abtropfen lassen. Von den Kartoffeln die Schale abziehen und sie – noch heiß – durch eine Kartoffelpresse drücken. Milch erhitzen. Kartoffelmasse, Speisestärke, Salz, Milch und Speck-Zwiebel-Gemisch verkneten. Klöße daraus formen. Sie in reichlich kochendes Salzwasser legen, einmal aufkochen und die Klöße 20 bis 30 Minuten gar ziehen lassen. Die restlichen Zwiebeln und den Speck in Sahne aufkochen, mit Salz und Pfeffer würzen. Fünf Minuten durchziehen lassen. Zu den Klößen reichen.

Tipp: Klöße immer nur in einem weiten Topf kochen. Nur so viele einlegen, dass sie an der Oberfläche ausreichend Platz nebeneinander haben.

Von Sonja Biaz,
Weitnau

Lasagne

Von Anni Kornes,
Ronsberg
Bilder: Ingrid Stetter

Für die Fleischsoße den klein geschnittenen Speck in Butter goldbraun braten, gehackte Zwiebel und geriebene Karotte zugeben. Das Hackfleisch darunter mischen und alles beim Umrühren bräunen lassen. Weißwein und Tomatenpüree einrühren. Gewürze und Bouillon beimischen und 20 Minuten bei schwacher Hitze kochen. Ab und zu umrühren.

Für die Bechamelsoße die Butter in einem Topf schmelzen, Mehl darüber stäuben und gut verrühren, ohne dass die Masse Farbe annimmt.

Zutaten:
400 bis 500 g Lasagne-Blätter (ohne vorkochen)
200 g geriebener Käse

Fleischsoße:
100 g durchwachsener Speck
1 EL Butter
1 Zwiebel
1 Karotte
300 bis 400 g Hackfleisch
1 Glas Weißwein
500 g passierte Tomaten
Salz, Pfeffer
3/4 l Bouillon

Bechamelsoße:
2 EL Butter
2 EL Mehl
1/2 l Milch
Salz, Pfeffer, Muskatnuss

Milch nach und nach einrühren, bis die Soße glatt ist. Gewürze zugeben, 15 Minuten bei schwacher Hitze kochen.
Eine tiefe, feuerfeste Form ausbuttern. Den Boden mit Fleischsoße bedecken, darauf eine Schicht Bechamelsoße und eine Schicht Lasagne-Blätter. Die Schichten wiederholen, zuoberst muss Bechamelsoße sein.
Geriebenen Käse darüber streuen. Die Form eventuell mit Alufolie abdecken. Bei 200 Grad Heißluft ca. 30 bis 40 Minuten überbacken, bis der Käse geschmolzen und goldbraun ist.

Lasagne einmal anders

Zutaten:
Hackfleischsoße:
300 g Hackfleisch
1 EL Öl
2 Zwiebeln
1 Knoblauchzehe
1 Dose passierte Tomaten
Salz, Pfeffer
Thymian, Oregano
Pizzagewürz
Rotwein

Weiße Soße:
50 g Butter
50 g Mehl
1/2 l Milch
50 g geriebener Käse
Salz, Pfeffer, Muskat

Lasagneblätter
150 g geriebener
Emmentaler

Von Lucia Menhild,
Lachen

Öl in Topf erhitzen, Hackfleisch darin anbraten. Zwiebeln und Knoblauch dazugeben, ebenfalls anbraten. Mit den passierten Tomaten aufgießen und ca. 15 Minuten köcheln lassen. Gewürze nach Geschmack vorher dazugeben.
In der Zwischenzeit Butter in einem Topf zergehen lassen, Mehl auf einmal dazugeben und mit dem Schneebesen fest rühren. Mit der Milch aufgießen, Käse unterheben, Gewürze dazu und abschmecken. Soße einmal aufkochen lassen und mit der Hackfleischsoße vermischen.
Nun in eine Auflaufform schichten.
Zuerst etwas Soße, dann ungekochte Lasagneblätter. Wieder Soße, Lasagneblätter, Soße, Lasagneblätter. Letzte Lage Soße, Käse darüber streuen. Bei 180 Grad eine Stunde backen.

Tipp: Kann sehr gut einige Stunden vorher zubereitet werden. Ist bei Kindern sehr beliebt.

Leberkäse-Gemüse-Auflauf

Zutaten:
4 Scheiben Leberkäse
1 Stange Lauch
1 rote Paprikaschote
1 Dose Mais
3 EL Öl
150 g Erbsen
Salz, Pfeffer
4 Eier
200 ml Sahne
100 g geriebener Emmentaler

Lauch halbieren und in Streifen schneiden. Paprika in Würfel schneiden und beides in Öl andünsten. Mais und Erbsen hinzufügen und mit andünsten. Würzen. Leberkäse in Streifen schneiden und unter die Gemüsemischung heben. Eier und Sahne verschlagen, mit Gewürzen abschmecken und über die Leberkäse-Gemüse-Mischung geben. Mit Käse bestreuen.
Bei 200 Grad 35 Minuten im Backofen backen. Fertig!!!

Tipp: Dazu passen am besten Salat und Weißbrot. Schmeckt vor allem auch Kindern.

Von Evelyn Rauh,
Memmingen
Bilder: Brigitte Wiedemann

Mitternachtssuppe

Zutaten:
250 g Hackfleisch
50 g Rauchspeck
25 g Bratfett
1 Zwiebel
250 g grüne Paprika
1 Paar Polnische
3 EL Tomatenmark
1/4 l Rotwein
2 Brühwürfel
435 g rote Bohnen (Dose)
200 g Sauerkraut
Salz, Zucker

Rauchspeck, Hackfleisch mit Bratfett anbraten. Zwiebel, grüne Paprika und Polnische zerkleinert zugeben, und kurz andünsten. Tomatenmark zugeben mit 1/2 l Flüssigkeit (Bohnenwasser auf 1/2 l auffüllen) ablöschen. Rotwein und Brühwürfel zugeben und 10 Minuten köcheln lassen. Bohnen und Sauerkraut zugeben. Mit Salz und Zucker pikant abschmecken.

Von Maria Graf,
Legau
Bild: Anke Wirth

Nudel-Hackfleisch-Auflauf

Zutaten:
350 g Bandnudeln

Hackfleischsoße:
350 g Hackfleisch
2 Tomaten
etwas Ketchup
Salz, Pfeffer
Paprika, Majoran

Helle Soße:
30 g Butter
30 g Mehl
1/2 l Milch
Paprika, Majoran
Suppengewürz
50 g geriebener Käse
(Gouda oder Emmentaler)

Nudeln in Salzwasser bissfest kochen.
Hackfleisch in heißem Fett anbraten, Tomaten häuten, würfeln und zum Hackfleisch geben. Etwas Ketchup und etwas Wasser hinzufügen. Mit Pfeffer, Salz, Paprika und Majoran gut würzen. Ca. 5 Minuten köcheln lassen und zur Seite stellen.
Aus Butter, Mehl und Milch eine helle Einbrenne bereiten. Etwas geriebenen Käse darin auflösen und mit Paprika, Majoran und Suppengewürz gut würzen.
Nudeln, Hackfleischsoße und helle Soße abwechselnd in eine hohe Auflaufform füllen. Je nach Menge zwei oder drei Schichten machen. Zum Schluss kommt die helle Soße darüber und noch den Rest vom geriebenen Käse darauf streuen.
Backofen auf 180 Grad vorheizen und Auflauf ca. 30 Minuten backen.

Tipp: Die Menge des Auflaufs kann beliebig verändert werden. Dazu einen gemischten Salat reichen.

Von Martina Rehklau,
Rummeltshausen

Nudel-Lauchpfanne mit Wurst

Zutaten:
3 bis 4 rote Bratwürste
400 g Nudeln (Hohlnudeln)
1 EL Butter
400 g Karotten
1 große Stange Lauch
250 ml Sahne
Salz, Pfeffer
Brühpulver
etwas Butterschmalz

Karotten und Lauch waschen, putzen, halbieren und in schmale Ringe schneiden. In Butter dünsten, mit Sahne aufgießen und abschmecken. fünf bis acht Minuten köcheln lassen.
In der Zwischenzeit Nudeln kochen und Bratwürste in 1 cm große Stücke schneiden und in Butterschmalz anbraten.
Fertige Nudeln unter das Gemüse mischen, Bratwürste darauf und fertig.

Tipp: Sahne kann mit etwas Wasser gestreckt werden.

Von Monika Panko,
Wertach

Nudelpfanne

Zutaten:
250 g Nudeln
(Rigatoni)
2 würzige Würstchen
Salz, Pfeffer
1 Stange Lauch
150 g Champignons
1 EL Öl
200 g Sahne
1/8 l Brühe (Instant)
1/2 Bund Petersilie

Nudeln in Salzwasser bissfest garen und abtropfen lassen.
Lauch in feine Ringe schneiden, Pilze halbieren. Öl in einer Pfanne erhitzen. Champignons und Lauch in Öl anschmoren. Sahne und Brühe zugießen und aufkochen lassen, würzen und ca. 10 Minuten köcheln.
Würstchen zufügen, Nudeln unterheben und erwärmen, abschmecken. Petersilie hacken, über die Nudeln streuen.

Tipp: Geht recht schnell und schmeckt sehr fein.

Von Hermine Schüßler,
Salgen und
Anneliese Schädler,
Heimenkirch (Bild)

Paprika-Hackbraten in Blätterteig

Zutaten:
500 g Blätterteig
750 g gemischtes Hackfleisch
1 Zwiebel
2 Knoblauchzehen
2 rote Paprika
1 Bund glatte Petersilie
2 EL Butter
2 Eier
2 EL Semmelbrösel
1 TL Senf
1 TL Tomatenketchup
1/2 TL geriebene Zitronenschale
1/2 TL Chilipulver
1/2 TL getrockneter Thymian
1/2 TL Oregano
Salz
frisch gemahlener Pfeffer
1 Eigelb
1 EL Milch

Von Michaela Bisle, Hausen

Die Zwiebel und die Knoblauchzehen abziehen und fein hacken. Die Paprikaschoten waschen, putzen, entkernen und in kleine Würfel schneiden. Die Petersilie waschen, trocken tupfen und grob hacken. Die Butter in einer kleinen Pfanne aufschäumen lassen und die gehackten Zutaten glasig dünsten.

Das Hackfleisch mit den gedünsteten Zutaten, Eiern, Semmelbröseln und allen Gewürzen vermischen und mit den Händen gründlich durchkneten. Die Fleischmasse zu einer Rolle formen und etwas ruhen lassen.

Die Teigscheiben zu vier gleich großen Platten zusammenstellen, die Ränder mit Wasser bestreichen, genau aufeinander legen und auf der bemehlten Arbeitsfläche ausrollen. Jede Teigplatte soll etwa 22 x 18 cm messen.

Die Fleischrolle in vier gleichmäßige Stücke teilen und auf die Teigplatten setzen. Die Teigenden um das Fleisch schlagen, die Ränder festdrücken und mit der Naht nach unten auf ein feuchtes Backblech setzen. Das Eigelb mit der Milch verquirlen und die gesamte Oberfläche damit bestreichen. Die kleinen Hackbraten im vorgeheizten Backofen bei 200 Grad etwa 40 Minuten backen. Herausnehmen, fünf Minuten ruhen lassen und auf eine Platte setzen, servieren.

Partybrötchen

Zutaten:
1 Packung Toastbrot
500 g Schinken
4 Paprikaschoten
2 Karotten
2 Zwiebeln
4 Tomaten gehäutet
250 g Quark
250 g Crème fraîche
1 Becher Sahne
2 Tüten Pizzakäse (gerieben)

Von Christine Brader, Dickenreishausen
Bild: Gabi Striegl

Schinken fein würfeln, Gemüse grob würfeln, alles in eine Schüssel geben. Quark, Crème fraîche, Sahne, Käse dazugeben, alles gut vermengen. Toastbrot auf ein Blech auslegen, Masse auf Toastbrot streichen, bei 180 Grad 20 bis 25 Minuten goldbraun backen.
Dazu passt ein gemischter Salat und ein gutes Bier.

Tipp: Man kann die Masse schon am Morgen herrichten und am Abend, wenn Gäste kommen, verwenden. Hält sich zwei Tage im Kühlschrank.

Pfannkuchen-Lasagne

Zutaten für den Teig:
200 g Mehl
1 1/2 Messerspitzen Salz
1 Messerspitze Pfeffer
ca. 1/4 l Milch
3 Eier
1 EL Kräuter

Für die Füllung:
500 g Hackfleisch
1 EL Öl
1 kleine Dose Erbsen
1 kleine Dose Champignons
1 kleine Dose geschälte Tomaten
Salz, Pfeffer
Paprika, gekörnte Brühe
Soßenbinder
200 g Käse

Aus den Zutaten einen glatten Pfannkuchenteig rühren. In einer bodenlosen Backform vier bis fünf Pfannkuchen backen (ca. 28 cm Ø) bei 190 Grad ca. vier Minuten.
Hackfleisch mit Öl in einem Topf gut anbraten. Danach Erbsen, Pilze und Tomaten dazugeben, gut aufkochen lassen und würzen. Das Ganze mit Soßenbinder oder Stärke dick abbinden und etwas abkühlen lassen.
Pfannkuchen und Füllung schichtweise in die Backform, in der die Pfannkuchenplatten gebacken wurden, geben und bei ca. 180 Grad 15 Minuten backen.
Danach mit dem Käse bestreuen und nochmal ca. 10 Minuten in den Ofen schieben.

Tipp: Eignet sich sehr gut für Partys! Bei doppelter Menge für die Backschnitte (größeres Backblech).

Von Karin Burger,
Beilenberg
Bild: Sonja Stegmann

Pfundstopf

Zutaten:
500 g Rindergulasch
500 g Schweinegulasch
500 g mageres Bauchfleisch oder Speck
500 g Rinderhackfleisch
500 g Schweinehackfleisch
250 g rote Paprika
250 g grüne Paprika
500 g Lauch
1 Dose Tomaten
2 bis 3 Knoblauchzehen
2 Gläser Mexico-Soße (je 250 ml)
250 g Sahne
Curry

Fleisch in kleine Stücke schneiden. Gulasch mit zerdrücktem Knoblauch, Bauchfleisch mit Curry würzen. Paprikaschoten in Streifen, Zwiebel in Scheiben schneiden. Fleisch und Gemüse abwechselnd in einen Bräter schichten. Tomaten mit Flüssigkeit darüber geben und das geschlossene Gefäß in den kalten Backofen schieben. Untere Einschubhöhe bei Unter-/Oberhitze mit 225 Grad ca. 2 bis 2 1/4 Stunden backen.

Tipp: Als Beilage Reis oder Stangenweißbrot.

Von Annelies Schiegg,
Haldenwang

Pfundstopf herzhaft

Zutaten
für 10 bis 12 Personen:
500 g Schweineschnitzel
500 g Rindfleisch
500 g Kassler (am Stück)
500 g Fleischwurst
500 g gebrühte Bratwurst
500 g Schweinemett
500 g Paprika (rot, grün, gelb)
500 g Zwiebeln
1 Ei
Salz, Pfeffer (schwarz)
1 EL Öl
1 Flasche Zigeuner-Soße
1 Flasche Hot-Chili-Soße
1 Flasche Schaschlik-Soße
150 bis 200 ml Sahne

Schnitzel, Rindfleisch und Kassler waschen, trocken tupfen und in Würfel schneiden. Fleisch- und Bratwurst ebenfalls würfeln. Paprika putzen und waschen. Zwiebeln schälen. Beides ebenfalls in Würfel schneiden. Mett und Ei verkneten. Mit Pfeffer würzen. Klößchen daraus formen. Öl in einem großen Schmortopf erhitzen. Klößchen darin rundherum kräftig anbraten und herausnehmen. Alle vorbereiteten Zutaten der Reihe nach in den Topf schichten. Ca. 1/4 l Wasser angießen. Soßen darüber geben. Alles aufkochen. Zugedeckt bei schwacher Hitze 1 1/2 bis 2 Stunden schmoren. Zum Schluss Sahne vorsichtig unterrühren und abschmecken.

Tipp: Dazu schmeckt knuspriges Baguette. Ohne viel Mühe für eine ganze Mannschaft gut gekocht.

Von Angelika Kresser, Leutkirch

Pikante Hackpfanne

Zutaten:
400 g gemischtes Hackfleisch
1 Zwiebel
1 Ei
2 EL Paniermehl
1 TL mittelscharfer Senf
Salz, Pfeffer
2 bis 3 EL Öl
1 Packung tiefgefrorene Gemüsemischung
300 ml Gemüsebrühe
100 g Sahne
Petersilie zum Garnieren

Die Zwiebel schälen und fein würfeln. Hack, Ei, Zwiebel, Paniermehl und Senf miteinander vermengen. Mit Salz und Pfeffer würzen. Aus der Masse kleine Bällchen formen.
Öl in einer großen Pfanne erhitzen. Hackbällchen darin rundherum goldbraun anbraten. Tiefgefrorenes Gemüse zufügen. Mit Brühe ablöschen und ca. acht Minuten köcheln lassen. Mit Salz und Pfeffer abschmecken. Die Sahne zum Verfeinern unterrühren. Mit Petersilie garniert servieren.

Von Hildegard Baisch,
Jedesheim
Bild: Gabi Striegl

Pikante Pfannkuchen, gefüllt

Zutaten Pfannkuchen:
350 g Mehl
2 Prisen Salz
4 Eier
1/2 l Milch
etwa 1/4 l Mineralwasser
Butter zum Backen

Füllung:
350 g gemischtes
Hackfleisch
1 gelbe Paprikaschote
1 rote Paprikaschote
1 Zwiebel
5 Senfgurken
200 g Champignons
Salz, süßer Paprika
Chilipfeffer
2 EL Ketchup

Guss:
200 g Sahne
1 Ei
150 geriebener Käse
Petersilie

Aus den Zutaten Pfannkuchenteig herstellen und mit Butter Pfannkuchen backen.
Für die Füllung Hackfleisch in der Pfanne gut anbraten, Zwiebel, Paprikaschoten, Gurken und Champignons zugeben, mit den Gewürzen kräftig abschmecken. Wenn alle Flüssigkeit verdunstet ist, Ketchup unterheben. Erkalten lassen.
Danach die Pfannkuchen füllen und in eine mit Butter eingefettete Auflaufform geben.
Sahne, Ei und Käse sowie Petersilie verrühren und über die Pfannkuchen gießen.
Ca. 30 Minuten bei 180 Grad im Backrohr überbacken.

Von Karin Lingenhel,
Oberstaufen

Pikanter Gitterkuchen

Zutaten Mürbteig:
300 g Mehl
150 g Butter
1 TL Salz
200 g Crème fraîche

Belag:
200 g roher Schinken
1 Stange Lauch
150 g geriebener Emmentaler
200 g Crème fraîche
1 Ei
1 TL Salz
etwas Pfeffer
1 Prise Muskat

Mürbteig rasch zusammenkneten und 2/3 davon in Springform auslegen, Rand hochziehen, Rest für Gitter.
Schinken und Lauch klein schneiden, etwas andünsten, dann mit den restlichen Zutaten vermengen. Auf den Mürbteig geben. Gitter ausstechen oder Streifen rädeln. Den Kuchen damit belegen.
Bei 200 Grad ca. 30 Minuten backen.

Guten Appetit!

Von Cäcilie Fischer,
Oberrieden
Bild: Brigitte Wiedemann

Reisauflauf mit Bröselkruste

Zutaten:
500 g gemischtes Hackfleisch
250 g Langkornreis
Salz, Pfeffer
2 EL Paprika edelsüß
gemahlener Kümmel
500 g mexikanische Gemüsemischung (oder Erbsen, Mais, Möhren, Paprika)
3 EL Butter
100 g Semmelbrösel
5 EL Tomatenpüree
1 TL Zucker

Den Reis in 1/2 l Wasser 15 Minuten quellen lassen. In der Zwischenzeit das Hack braten, bis es krümelig ist und würzen.
Gemüse abtropfen lassen.
Reis, Hack und Gemüse mischen und in eine Auflaufform geben.
Butter zerlassen. Die Semmelbrösel darin anrösten, Tomatenpüree zugeben und mit Salz und Zucker würzen. Auf den Auflauf verteilen und bei 200 Grad ca. 25 Minuten überbacken.
Dazu frischen Salat oder Tomatensalat reichen.

Tipp: Anstatt einer mexikanischen Gemüsemischung kann auch tiefgefrorenes Buttergemüse verwendet werden.

Von Gabi Schmid, Heimenkirch
(Bild: Tochter Maria präsentiert Reisauflauf mit Bröselkruste)

Rimella

Zutaten:
600 g Geschnetzeltes (Pute, Kalb oder Schwein)
200 g Champignon
1 große Zwiebel
3 kleine Paprika (rot, grün, gelb)
1 grüner Apfel
1 Becher Schmand
20 bis 30 ml Weißwein
Cognac zum Flambieren
1 EL Bratensoße
1/2 TL Bouillon
Salz, Pfeffer, China-Gewürz (»Dayong«)
2 TL Curry
1 TL Estragon
1 Messerspitze Kardamom
3 bis 4 Scheiben Ananas

Fleisch in der Bratpfanne kurz und kräftig anbraten, mit Cognac flambieren und beiseite stellen.
Zwiebel, Paprika, Apfel und Champignons in kleine Würfel bzw. Scheiben schneiden und im heißen Öl in einer Kasserolle dünsten. Mit Weißwein ablöschen. Bouillon und Bratensoße beigeben und aufkochen. Schmand oder Crème fraîche und Gewürze vermengen und langsam in die Soße einlaufen lassen.
Nun das Fleisch dazugeben und die Soße bis auf die gewünschte Dicke einkochen lassen. Bis zum Anrichten auf kleinster Hitzestufe schmoren lassen.
Kurz vor dem Anrichten Ananas in kleine Stücke schneiden, in separater Bratpfanne heiß machen. Dem Fleisch zugeben, kurz erhitzen und servieren. Als Beilage empfehle ich Reis und Salat.

Von Helga Einsiedler, Leutkirch

Sauerkraut-Gulasch mit Kartoffeln

Zutaten:
750 g gemischtes Gulasch
1 Zwiebel
Salz, Pfeffer (weiß)
2 bis 3 EL Öl
500 g Kartoffel
1 Dose Sauerkraut (850 ml)
2 Lorbeerblätter
4 Wacholderbeeren
4 schwarze Pfefferkörner
500 ml Tomatensaft

Öl im Schmortopf erhitzen. Fleisch anbraten. Zwiebel würfeln, zum Fleisch geben und mit braten. Alles mit Salz und Pfeffer würzen. Mit Wasser ablöschen und bei mittlerer Hitze zugedeckt gut eine Stunde schmoren. Kartoffeln schälen, in grobe Stücke schneiden. Sauerkraut abtropfen lassen. Ca. 30 Minuten vor Ende der Garzeit Kartoffeln zum Fleisch geben und mitgaren. Ca. 20 Minuten vor Ende ausgedrücktes Sauerkraut, Lorbeer, Wacholder und Pfefferkörner zugeben. Mit Tomatensaft ablöschen und bei mittlerer Hitze weiterschmoren. Gulasch mit Salz und Pfeffer pikant abschmecken.

Von Ines Sommer,
Hasberg

Sauerkraut-Hackfleisch-Auflauf

Zutaten:
300 g gemischtes Hackfleisch
1 kg Kartoffeln
2 bis 3 EL Butter
1/4 l heiße Milch
Salz, Pfeffer
1 Prise Muskat
2 EL Schweineschmalz
750 g Sauerkraut
1/4 l Gemüsebrühe
1 Lorbeerblatt
1 Prise Zucker
2 EL Öl
1 Zwiebel
Fett für die Form
1 Becher Crème fraîche

Die Kartoffeln schälen, waschen, halbieren und in Salzwasser garen. Abgießen und durch die Kartoffelpresse treiben. Die Butter und die Milch einrühren, mit Salz, Pfeffer und Muskat kräftig abschmecken. Das Schmalz in einem Topf erhitzen und das zerpflückte Sauerkraut darin andünsten. Die Gemüsebrühe angießen, das Lorbeerblatt dazugeben und das Sauerkraut 20 bis 25 Minuten garen. Mit Salz, Pfeffer und Zucker abschmecken und das Lorbeerblatt entfernen. Das Öl in einer Pfanne erhitzen und die geschälte, fein gehackte Zwiebel darin glasig schwitzen. Das Hackfleisch dazugeben, unter ständigem Rühren braten und mit Salz und Pfeffer würzen. Eine Auflaufform ausfetten und lagenweise Kartoffelbrei-Hackfleisch-Sauerkraut einfüllen. Die Crème fraîche glatt rühren und darüber gießen. Den Auflauf im vorgeheizten Backofen bei 200 Grad 20 Minuten überbacken.

Von Michaela Bisle,
Hausen

Schinken-Hackfleisch-Rollen

Zutaten:
6 Scheiben Schinken (gekocht)
400 g Hackfleisch
6 Scheiben Gouda
1 Ei
Zwiebeln
Salz, Pfeffer
1 Kräuter Crème fraîche
2 Becher Sahne
1 Flasche Zigeunersoße

Hackfleisch mit Ei, Gewürze, gehackte Zwiebeln vermischen. Käsescheibe auf Schinkenscheibe legen, kleine Hackfleischmenge darauf einrollen und in Auflaufform geben. Sahne, Crème fraîche und Zigeunersoße verrühren, abschmecken und über Rollen gießen. Auflaufform in den Backofen geben und ca. 40 Minuten bei 200 Grad backen.

Tipp: Dieses Gericht ist schnell zubereitet und es schmeckt vorzüglich.

Von Siglinde Mayer,
Wildpoldsried

Schlemmerrolle

Zutaten:
1 Stange Blätterteig
250 g Brät
2 Eier
1/2 Zwiebel
etwas Milch
Semmelbrösel
Salz, Pfeffer
Zitronenschale, Muskat
200 g Schinken
150 g Käse
1 Paar Wiener

Den Blätterteig auf dem Backpapier ausrollen. Die Zwiebel andünsten und mit dem Brät, den Zwiebeln, den Eiern, der Milch, den Semmelbröseln und den Gewürzen zu einem Brätknödelteig verarbeiten.
Käse und Schinken auf dem Blätterteig verteilen, darauf die Brätknödelmasse streichen. Zum Schluss die Wiener darauf legen und alles zusammen aufrollen. Auf ein Backblech legen und ca. 30 Minuten bei 200 Grad backen.

Tipp: Dazu passt frischer Salat.

Von Imelda Brutscher,
Haldenwang

Schmorgurkenpfanne

Zutaten:
250 g ungebrühte, feine Bratwürste
800 g Schmorgurken
Salz, Pfeffer
2 EL Öl
1/2 l Gemüsebrühe
125 g Schmand
1 bis 2 EL körniger Senf
1 EL heller Soßenbinder

Wurstmasse aus der Haut drücken und kleine runde Klößchen formen. Diese in der Pfanne anbraten und auf die Seite stellen.
Gurken schälen, halbieren, entkernen und in 1/2 bis 1 cm breite Streifen schneiden. Die Streifen in der Pfanne dünsten, ca 5 Minuten. Dann mit der Gemüsebrühe ablöschen und 15 Minuten schmoren lassen.
Schmand, Senf, Soßenbinder und die Klößchen zugeben, aufkochen lassen, fertig.

Von Roswitha Köhler,
Oberstaufen

Schüttelpizza

Zutaten:
3 Eier
180 g Mehl
1/4 l Milch
Salz, Pfeffer
Pizzagewürz
125 g Salami
125 g Schinken
250 g Käse gerieben
1 rote Paprika
1 grüne Paprika
eventuell Pilze, Mais oder Gemüse

Eier schaumig schlagen. Mehl hinzufügen und die Milch nach und nach unterrühren. Salz, Pfeffer und Pizzagewürz zugeben.
Salami und Schinken klein schneiden. Zusammen mit der Hälfte des geriebenen Käses und den klein geschnittenen Paprika dem Teig hinzufügen. Die Masse auf ein Blech geben und den Rest vom Käse darüber streuen. Bei 180 Grad ca. 25 Minuten backen.

Tipp: Dazu schmeckt grüner Salat oder Gurkensalat.

Von Regina Moser,
Sontheim

Schupfnudelpfanne

Zutaten:
400 g Karotten
4 Zwiebeln
120 g geräucherter Speck
geriebene Muskatnuss
Salz, Pfeffer
Butter
Petersilie
Schnittlauch
1 Becher Crème fraîche
1 bis 2 Packungen Schupfnudeln

Karotten in Scheiben schneiden. In wenig kochendem Salzwasser etwa fünf Minuten dünsten. Zwiebeln in dünne Streifen schneiden. Speck in einer Pfanne knusprig auslassen und Nudeln dazugeben. Mit Salz, Pfeffer und Muskat würzen. Zwiebeln und Karotten unterheben.
Crème fraîche mit Salz und Pfeffer würzen. Schnittlauch dazugeben. Als Dip zu den Schupfnudeln servieren.

Von Marina Martin,
Sonthofen

Schwäbisches Wurstgulasch

Zutaten:
4 Zwiebeln
1 kleine Knoblauchzehe
1 Stange Lauch
1 gestrichener EL Paprika
1/2 l Fleischbrühe
3 EL Tomatenmark
750 g Kartoffeln
1 TL Salz
1 gestrichener TL frisch gemahlener weißer Pfeffer
200 g Bierschinken am Stück
200 g einfache Fleischwurst am Stück
3 bis 4 EL Crème fraîche
1 bis 2 EL Schnittlauchröllchen
Petersilie oder andere Kräuter der Saison

Zwiebeln und Knoblauch schälen und würfeln, den Lauch putzen und in feine Ringe zerteilen. Das Fett erhitzen, Zwiebeln und Knoblauch darin andünsten. Den Lauch zusetzen, alles mit Paprikapulver bestreuen und umrühren. Die mit Tomatenmark verrührte Fleischbrühe angießen, die geschälten, zerkleinerten Kartoffeln und die Gewürze hineingeben. Nach 20 Minuten Kochzeit die gewürfelte Wurst zugeben und mitschmoren. Zum Schluss die Crème fraîche unterrühren und die Kräuter darüber streuen.

Tipp: Als Beilage Salat.

Von Renate Bögle,
Frickenhausen

Schwarzwälder Speckpfannkuchen

Zutaten:
200 g Mehl
1/4 l Milch
4 Eier
1/2 TL Salz
4 EL Hartkäse (gerieben)
150 g Schwarzwälder Schinken, roh geräuchert
Eventuell Röstzwiebeln

Aus den ersten 4 Zutaten einen Pfannkuchenteig bereiten und diesen ca. eine Stunde im Kühlschrank quellen lassen. Käse zugeben. In einer großen Pfanne Öl heiß werden lassen, etwas Teig darin verstreichen, rohen Schinken drauflegen, umdrehen und fertig backen.
Sofort servieren, eventuell mit Röstzwiebeln bestreuen.
Dazu passen verschiedene Salate der Saison.

Tipp: Ein schnelles Mittagessen.

Von Barbara Schiegg,
Mussenhausen

Spaghettiauflauf

Zutaten:
250 g Rinderhackfleisch
250 g Spaghetti
1 Zwiebel
5 Eier
1/4 l saure Sahne
Schnittlauch
Petersilie
150 g geriebener Emmentaler

Spaghetti kochen. Die Zwiebel mit dem Hackfleisch anbraten und salzen. Spaghetti mit der Hackfleischmasse mischen und in eine gefettete Auflaufform füllen. Die saure Sahne, Eier, Salz, Pfeffer und die Kräuter verrühren und über die Spaghetti gießen.
Bei 200 Grad im vorgeheizten Ofen etwa 15 Minuten backen. Anschließend den Emmentaler darauf verteilen und weitere 15 Minuten überbacken. Am Ende der Backzeit eventuell mit Alufolie abdecken.

Von Ingeborg Immerz,
Günzach

Spaghettiauflauf mit Gemüse

Zutaten:
500 g Spaghetti
200 g geräucherter Bauch
300 g Karotten
300 g Pilze
1 Stange Lauch
1 große Zwiebel
200 ml Sahne
200 ml Crème fraîche
5 Eier
150 g geriebener Käse
Salz, Pfeffer
etwas Butter
etwas Weißwein

Spaghetti kochen. Den Bauch in kleine Würfel schneiden und in Butter anbraten. Das Gemüse in feine Streifen schneiden, kurz mit anbraten und mit dem Weißwein ablöschen. Nun wird das Ganze fünf Minuten gedünstet. Die Spaghetti werden mit dem Gemüse vermischt und in eine Auflaufform gegeben. Die Sahne mit den Eiern, den Gewürzen und dem Käse verrühren und über die Spaghetti gießen.
Der Auflauf wird bei 180 Grad ca. 20 Minuten gebacken.

Von Martina Zwerger,
Ottobeuren

Tessiner Auflauf

Zutaten:
300 g Hackfleisch
1 Zwiebel
1 Glas Rotwein
4 EL Tomatenmark
Salz, Thymian
Cayennepfeffer
frische Petersilie
4 Tassen gekochten Reis
1/2 Becher Sahne
geriebener Käse
Butterflöckchen

Das Hackfleisch mit der klein geschnittenen Zwiebel in Fett leicht anrösten, mit einem Glas Rotwein ablöschen.

Tomatenmark und Gewürze dazugeben. Den Reis mit Hackfleisch in eine gefettete Kasserolle schichten.

Die Sahne darüber gießen und mit Käse bestreuen. Eventuell Butterflöckchen darüber geben.

Im Backofen ca. 20 Minuten bei 175 Grad backen.

Von Rosemarie Selg,
Jedesheim, und
Marianne Reiser (Bild)

Tomatenreis

Zutaten:
400 g Hackfleisch
4 große Tomaten
Zwiebeln
250 g Reis
625 ml Wasser
Salz, Pfeffer, Curry

Hackfleisch mit Zwiebeln anbraten, bis es krümelig zerfällt, mit Salz und Pfeffer würzen. Tomaten achteln und auf dem Hackfleisch verteilen, ungekochten Reis auf die Tomaten streuen, mit Curry würzen, mit 5 Tassen Wasser aufgießen und zugedeckt 25 bis 30 Minuten kochen lassen.
Erst bei Tisch umrühren.

Von Sabine Straub,
Moosbach

Wiener Schinkenstrudel

Zutaten Strudel:
250 g Mehl
1 Messerspitze Salz
1/8 l lauwarmes Wasser
2 EL Öl
1 Ei

Füllung:
3 Eier
200 g Sahne
200 g saure Sahne
500 bis 600 g Schinken
3 Semmeln
4 EL Semmelbrösel
1 1/2 EL gehackte Petersilie
etwas Salz
etwas Muskat
50 g Emmentaler
30 g Butter
1/8 l Milch

Die Zutaten für den Strudel zu einem glatten Strudelteig verarbeiten, das Wasser dabei nach und nach zugeben. Mit einer heißen Schüssel zudecken und 30 Minuten ruhen lassen.
Für die Füllung Eier und Sahne verquirlen. Den Schinken und die Semmeln in kleine Würfel schneiden, mit den Semmelbröseln und der Petersilie unter die Eimasse rühren und mit Salz und Muskat abschmecken.
Den Teig auf einem Geschirrtuch sehr dünn ausziehen (ca. 40 x 50 cm). Die Fülle darauf verteilen, dicke Ränder eventuell abschneiden und den Emmentaler darüber streuen. An den Seiten den Teig etwas einschlagen und mit dem Geschirrtuch locker aufrollen.
Auf ein gefettetes Backblech legen, den Strudel mit der zerlassenen Margarine bepinseln und im vorgeheizten Backofen bei 200 bis 225 Grad ca. 20 Minuten backen.
Die Milch darüber gießen und noch weitere 15 Minuten fertig backen.

Von Imelda Brutscher,
Haldenwang

Wurstgulasch

Zutaten:
500 g Lyoner oder gekochtes Wammerl
2 Zwiebeln
4 EL Öl
4 Essiggurken
1 Dose Champignon
1 kleines Glas Rote Beete
1 Tasse Ketchup
1 Becher Sahne
1 TL Curry
1 TL Paprika
1 Messerspitze Cayenne-pfeffer
Salz, Pfeffer
1 Bund Petersilie

Die Zwiebeln klein schneiden, Wurst und Essiggurken in Würfel schneiden. All dies in Öl andünsten. Pilze und Rote Beete dazugeben und Ketchup und Sahne. Anschließend würzen und 10 Minuten köcheln lassen. Vor dem Servieren mit Petersilie bestreuen. Dazu passt gut Reis oder Nudeln.

Tipp: Kann auch mit Paprikastreifen verfeinert werden.

Von Andrea Schwarzmann, Ottobeuren und Annemarie Echteler, Remnatsried

Wurstragout mit Petersilienreis

Zutaten:
300 g Bockwurst
200 g Langkornreis
375 g Brokkoli
1 Dose Gemüsemais
2 Päckchen Tomatensoße für je 250 ml Flüssigkeit
100 g Sahne
frisch gemahlener Pfeffer
Salz
1/2 Bund Petersilie
Tomatenspalten zum Garnieren

Reis in 400 ml kochendem Salzwasser bei mittlerer Hitze ausquellen lassen. Inzwischen Brokkoli in kleine Röschen teilen. Dicke Stiele schälen und in Scheiben schneiden. Alles in 400 ml kochendem Salzwasser ca. acht Minuten garen. Wurst in Scheiben schneiden. Mais in ein Sieb schütten, kurz abspülen, gut abtropfen lassen. Brokkoli mit einem Schaumlöffel herausheben. Soßenpulver zum Andicken ins Gemüsewasser rühren und noch eine Minute kochen. Wurstscheiben, Mais und Sahne darin erhitzen. Brokkoli unterziehen. Mit Salz und Pfeffer würzig abschmecken. Petersilie hacken und unter den körnigen Reis mischen. Mit dem Ragout auf Tellern anrichten. Mit den Tomatenspalten garnieren.

Tipp: Schmeckt den Kindern sehr gut.

Von Yvonne Burger,
Buchenberg

Geflügel

Chinapfanne

Zutaten:
4 Putenschnitzel
etwas Öl
2 Knoblauchzehen
1 Zwiebel
2 Karotten
1 rote Paprika
200 g Chinakohl
1/2 l Brühe
2 EL Sojasoße
4 EL Tomatenmark
1 TL Sambal Oelek
1 TL Currypulver
250 g Chinesische Mie Nudeln

Die Putenschnitzel in Streifen schneiden und im heißen Öl anbraten. Das Gemüse fein schneiden, zum Fleisch geben und glasig werden lassen. Anschließend die heiße Brühe, Sojasoße, Tomatenmark, Sambal Oelek und Currypulver dazugeben und fertiggaren lassen. Die gekochten Nudeln in die Pfanne geben, miteinander vermischen und bei Bedarf nachwürzen.

Von Helga Kößler,
Untrasried

Curry-Geschnetzeltes

Zutaten:
750 g Putenschnitzel
(oder Schweineschnitzel)
1 EL Currypulver
Salz, Pfeffer
2 Flaschen Currysoße

Putenschnitzel in dünne Streifen schneiden. Fleisch in Öl gut anbraten, mit Curry, Salz und Pfeffer würzen. Zwei Flaschen Currysoße zugeben und bei schwacher Hitze fertig garen.

Tipp: Dazu schmecken Reis oder Spätzle und ein bunter Salatteller.

Von Berta Beggel,
Ungerhausen

Curryhuhn

Zutaten:
1 Hähnchen (1200 g,
in Portionsteile zerlegt,
oder Hähnchenschenkel)
40 g Butter
1 Zwiebel
Salz
2 TL Curry
1 Apfel
1/4 l Hühnerbrühe (Würfel)
3 EL Sahne
1 EL Sherry

Hähnchenteile abtupfen. In einem Schmortopf die Butter erhitzen, Geflügelteile auf allen Seiten anbraten. Gehackte Zwiebel mitbraten. Mit Salz und Curry würzen, die Hautseite nach oben legen. Geschälte Apfelwürfel in das Bratfett geben und andünsten. Etwas heiße Brühe aufgießen.

Fleisch zugedeckt langsam weich dünsten; bei Bedarf Brühe nachgießen. Garzeit ca. 35 Minuten. Geflügelteile auf vorgewärmter tiefen Platte anrichten. Die Soße mit Sahne und Sherry aufkochen, durchpassieren, abschmecken. Soße über das Fleisch gießen.

Tipp: Alle »Curryfreunde« werden an unserer Lieblingsspeise auch bestimmt Gefallen finden. Wir essen dazu immer Reis und verschiedene Salate.

Von Irmgard Ott,
Bad Waldsee
Bild: Rosi Müller

Entenbrust à l'orange

Zutaten:
800 g Entenbrust
Salz, Pfeffer
2 TL Pflanzenfett
50 g Butter
2 Zweige frischer Thymian
100 ml Orangendirektsaft
5 cl Rotwein
1 Orange (Filets)

Die Haut der Entenbrüste einschneiden, salzen und pfeffern. In einer Pfanne mit heißem Pflanzenfett auf der Hautseite drei Minuten knusprig anbraten, das Fett auslassen. Butter und Thymianzweige hinzugeben und auf der Fleischseite anbraten.

Im vorgeheizten Backofen bei 200 Grad fertig garen. Währenddessen den Bratensatz in der Pfanne mit dem Orangensaft aufgießen und sirupartig einkochen. Einen guten Schuss Rotwein hinzugeben und einreduzieren, bis die Soße die gewünschte Konsistenz hat. Durch ein Sieb gießen und mit Salz und Pfeffer abschmecken. Orangenfilet halbieren und mit der Soße erwärmen.

Tipp: Dazu passen Kartoffelknödel mit Pflaumenfüllung und Apfel-Blaukraut.

Von Carla Hölzle,
Markt Rettenbach

Fleischauflauf

Zutaten:
800 g Putenfleisch
(oder Schweinefleisch)
4 Tomaten
125 g Kräuterbutter
frische Champignons
1 Dose Mais
(oder Karotten)
1 Tube Bratensaft
2 Becher süße Sahne
Pfeffer, Paprika

Tomaten in Stücke schneiden und in Auflaufform geben. Fleisch in Stücke schneiden und von beiden Seiten mit Paprika und Pfeffer würzen, dann auf Tomaten legen. Kräuterbutter in Scheiben schneiden und auf Fleisch legen.

Von Rosa Frei,
Isny

Fleischpizza

Zutaten:
5 bis 6 Putenschnitzel
(oder Schweineschnitzel)
2 große Zwiebeln
3 Stangen Lauch
1 Glas Pilze
2 rote Paprikaschoten
Scheiblettenkäse
3 bis 4 Tomaten
Salz, Pfeffer, Paprika
1 Päckchen Rahmsoße
etwas Sahne

Ein großes Kar mit Schnitzel auslegen, dann alles der Reihe nach einschichten. Zum Schluss Scheiblettenkäse auslegen, mit Rahmsoße, Pfeffersoße und etwas Sahne übergießen.
Ca. 35 Minuten im Backofen bei 180 bis 200 Grad.

Tipp: Zu der Fleischpizza schmecken Salat und Kroketten.

Von Manuela Schmalholz,
Kammlach

Gefüllte Putenschnitzel

Zutaten:
5 große Putenschnitzel
2 Zucchini
1 Rolle Kräuterbutter
Salz, Pfeffer, Paprika
Suppengewürz
1 Ei
Mehl
Semmelbrösel
Fett zum Anbraten

Zucchini waschen, Stifte schneiden. Kräuterbutter in einem Topf zergehen lassen. Zucchinistifte ca. 10 Minuten dünsten, mit Salz und Suppengewürz abschmecken. Abkühlen lassen.
Putenschnitzel mit der Hand flach drücken, so dass sie schön groß werden. Auf beiden Seiten mit Salz, Pfeffer und Paprika würzen.
Erkaltete Zucchinimasse auf eine Hälfte des Schnitzels geben und zusammenklappen. Mit Rouladenspieß oder Zahnstocher zusammenstecken (wie bei einem Cordon bleu).
Schnitzel in Mehl, Ei, Semmelbrösel panieren und in der Pfanne goldbraun anbraten.

Tipp: Dazu passt Kartoffelpüree, Salat und gedünstetes Gemüse.

Von Regina Gretz,
Reicholzried

Gnocchi-Gratin

Zutaten:
500 g Putenfleisch
200 g geräucherter Schinken
600 g Fleischtomaten aus der Dose
1 kg Gnocchi (kleine Kartoffelknödel)
Salz, Pfeffer
Thymian
50 g Butter
100 g Zwiebeln
2 Knoblauchzehen
300 g Sahne
150 g geriebener Greyerzer Käse (Gruyère)

Tomaten kurz mit kochendem Wasser überbrühen, kalt abschrecken und häuten. Tomaten entkernen, das Fruchtfleisch in 1 cm dicke Würfel schneiden. Schinken klein würfeln. Das Putenfleisch in 3 cm große Würfel schneiden und anbraten. Gnocchi roh, mit Tomaten, Schinken und Fleisch mischen und mit Salz, Pfeffer und Thymian würzen. Eine Auflaufform mit 20 g Butter einfetten. Diese vorbereiteten Zutaten in diese Form geben.
Zwiebeln und Knoblauch pellen. Zwiebeln würfeln. 30 g Butter erhitzen, Zwiebeln darin glasig dünsten. Knoblauch dazu pressen. Sahne zugießen, kurz aufkochen lassen und weitere fünf Minuten offen bei mittlerer Hitze kochen. 75 g Käse in der Sahnesoße schmelzen, über die Gnocchi gießen und mit restlichem Käse bestreuen. Bei 200 Grad auf der 2. Schiene von unten 35 Minuten backen.

Tipp: Dazu eignen sich sehr gut gemischte Salate und Rotwein.

Von Michaela Bisle,
Hausen

Hähnchen auf Gemüsereis

Zutaten:
4 Hähnchenschenkel
Salz, Pfeffer
Paprika, Knoblauchsalz
2 Zwiebeln
1 Stange Lauch
1 kleiner Wirsing
2 EL Öl
250 g Langkornreis
600 ml Hühnerbrühe
1 Dose geschälte Tomaten (420 ml)
4 EL Pinienkerne

Backofen auf 200 Grad vorheizen. Keulen abbrausen, trocken tupfen mit Salz, Pfeffer, Paprika und Knoblauchpulver würzen. Im Ofen 30 Minuten braten, dabei einmal wenden.
Zwiebeln schälen, achteln. Lauch und Wirsing putzen, waschen und in Ringe bzw. Streifen schneiden. Öl in feuerfester Form erhitzen.
Reis, Zwiebeln, Gemüse darin andünsten, Brühe aufgießen. Tomaten abtropfen lassen, hacken und dazugeben; würzen.
Keulen darauf legen, im Backofen ca. 30 Minuten garen. Mit Pinienkerne bestreuen.

Von Claudia Biechteler, Woringen

Hähnchen in Weißweinsoße

Zutaten:
1 Hähnchen (geviertelt)
Salz, Pfeffer
2 EL Butter
2 EL Öl
1/8 l Weißwein
1 kleine Zwiebel
1 Knoblauchzehe
1/2 EL Mehl
1/8 l Fleischbrühe
100 g Champignons
1/10 l Sahne

Hähnchen würzen und beidseitig anbraten. Bratensatz mit der Hälfte des Weines löschen und einkochen lassen. Darin die fein gehackten Zwiebel und den Knoblauch anschwitzen. Mit Mehl bestäuben, hellgelb werden lassen. Mit Fleischbrühe und restlichem Wein aufgießen, aufkochen lassen. Geflügel einlegen und langsam zugedeckt 20 Minuten garen lassen. Pilze und Sahne die letzten 5 Minuten zugeben.

Tipp: Hierzu schmeckt Reis sehr gut.

Von Susanne Eggel,
Wertach
Bild: Sylvia Weixler

Hähnchen-Risotto

Zutaten:
125 g Langkornreis
1/2 Zwiebel
2 EL Öl
1/2 l Brühe
200 g Hähnchenbrust
1/2 rote Paprika
Erbsen
Salz, Pfeffer
Curry, Paprikapulver

1 EL Öl erhitzen und die gehackte Zwiebel darin glasig dünsten. Den Reis zugeben, mit Brühe aufgießen und ca. 20 Minuten leicht köcheln lassen. In der Zwischenzeit die gewürfelte Hähnchenbrust im restlichen Öl anbraten. Gewürfelte Paprika am Schluss zugeben. Das Fleisch etwas würzen. Ca. fünf Minuten vor Ende der Garzeit die Erbsen zum Reis geben und auch die Hähnchenbrust. Mit den Gewürzen abschmecken und dazu einen Salat servieren.

Von Antonie Knoll,
Wald

Hähnchenbrust in Kräuter-Weinsoße

Zutaten:
500 g Hähnchenbrust-filet
200 g frische Champignons
200 g Zuckerschoten
Salz, Pfeffer
Paprikapulver
2 EL Speiseöl
75 ml trockener Weißwein
2 Becher Crème fraîche mit Kräutern

Champignons putzen und halbieren. Zuckerschoten waschen. Die Hähnchenbrustfilets waschen und trocken tupfen (große Stücke eventuell teilen), mit Salz, Pfeffer und Paprika würzen. Das Öl in der Pfanne erhitzen und die Filets von beiden Seiten gut anbraten und aus der Pfanne nehmen und warm stellen. Im Bratensatz nun die Champignons anbraten, dann den Wein angießen. Crème fraîche und Zuckerschoten zufügen, alles einmal aufkochen lassen und mit Salz und Pfeffer abschmecken. Die Filets in die Soße legen und fünf Minuten gar ziehen lassen.

Tipp: Dazu passen Reis und feines Gemüse.

Von Monika Rabus, Buxach

Hähnchenflügel – chinesische Art

Zutaten:
1,5 kg Hühnerflügel
3 EL Öl
120 ml dunkle Sojasoße
3 EL Honig
3 EL trockener Sherry
1 große Knoblauchzehe (oder Granulat)
1/4 TL feingeriebener Ingwer (oder Ingwerpulver)

Jeden Hühnerflügel in drei Stücke teilen, die Enden anderweitig verwenden.
Wok oder tiefe Pfanne erhitzen, Flügelstücke bei starker Hitze einige Minuten braun braten. Sojasoße, Honig, Wein, Knoblauch und Ingwer mischen und zugeben, gut durchrühren. Hitze stark reduzieren und alles ca. 15 bis 20 Minuten köcheln lassen. Gegen Ende der Kochzeit häufig umrühren und darauf achten, dass die süße Glasur nicht anbrennt.

Tipp: Schmecken warm und kalt. Als Beilage empfiehlt sich Basmati-Reis.

Von Anne Jäger,
Böhen

Hähnchenrouladen im Speckmantel

Hähnchenbrüste abbrausen, trocken tupfen und flach klopfen. Die Knoblauchzehe abziehen und durchpressen. Die Kräuter abbrausen, trocken schütteln und klein hacken. 200 g Frischkäse mit dem Eigelb, Knoblauch und jeweils der Hälfte des Basilikums, der Petersilie und des Schnittlauchs verrühren. Die Frischkäsecreme salzen, pfeffern und auf die Schnitzel streichen. Die Rouladen aufrollen, mit jeweils einer Scheibe Frühstücksspeck umwickeln und mit Rouladenstäbchen fixieren.

Den Backofen auf 200 Grad (Umluft 180 Grad) vorheizen. Das Öl erhitzen und die Rouladen von allen Seiten anbraten. Mit Weißwein ablöschen und die Brühe angießen. Rouladen zugedeckt im Backofen ca. 30 Minuten schmoren lassen. Die Rouladen aus dem Sud nehmen und warm stellen.

Den restlichen Frischkäse in den Sud rühren und etwa 5 Minuten bei milder Hitze köcheln lassen. Restliche Kräuter in die Soße geben und mit Salz und Pfeffer abschmecken.

Zutaten:
8 Hähnchenbrüste
(ca. 1 kg ohne Knochen)
1 Knoblauchzehe
1 Bund Basilikum
1 Bund glatte Petersilie
1 Bund Schnittlauch
400 g Frischkäse
1 Eigelb
Salz, Pfeffer
8 Scheiben Frühstücksgedeck (ca. 150 g)
3 EL Öl
125 ml Weißwein
125 ml Fleischbrühe

Von Angelika Frey,
Dirlewang

Lauchschnitzel – eingelegt

Zutaten für 9 Personen:
9 Putenschnitzel
500 g Speckwürfel
3 große Zwiebeln
500 g Champignons
500 g geriebener Gouda
Salz, Pfeffer, Paprika
3 große Stangen Lauch
300 g Crème fraîche
400 g Sahne
2 Päckchen Jägersoße
(für je 1/4 l Flüssigkeit)

Zwiebeln schälen, fein würfeln, Pilze putzen und in Scheiben schneiden. Speck in einer großen Pfanne knusprig braten. Zwiebeln und Pilze zugeben und goldgelb dünsten.
Fleisch mit Salz, Pfeffer und Paprika würzen und in eine große gefettete Auflaufform legen. Erst Käse, dann Masse darauf verteilen.
Lauch putzen und in Ringe schneiden. Auf der Masse verteilen. Crème fraîche, Sahne und Jägersoße glatt verrühren und darüber gießen.
Alles zugedeckt ca. 24 Stunden kalt stellen. Am nächsten Tag im vorgeheizten Backofen bei 175 Grad ca. eine Stunde backen.

Tipp: Dazu passen am besten Spätzle und Salat. Lässt sich gut vorbereiten und schmeckt auch mit Schweineschnitzel super.

Von Hanni Stadtmüller,
Betzigau

Majoran-Hähnchen

Zutaten:
4 1/2 Hähnchen
Hähnchengewürzsalz
20 g Majoran
1/4 l Wasser
30 g Butter flüssig

Hähnchen waschen und trocken tupfen. Mit Gewürzsalz gut einreiben und mit Majoran dick bestreichen (muss überall abgedeckt sein). Backofen auf 180 Grad einstellen. Hähnchenteile in einen Bräter geben, Hautseite nach oben. 1/4 l Wasser dazugeben. Hähnchen 3- bis 4-mal damit übergießen. 30 Minuten vor Backende die flüssige Butter mit 1 TL Gewürzsalz mischen und das Hähnchen damit einstreichen.
Backzeit ca. 1 1/2 Stunden bei 180 Grad Umluft.

Von Sabine Natterer,
Bolsterlang

Nudeln in Schinken-Rahm

Zutaten:
400 g Hähnchenfilets
1 Bund Lauchzwiebeln
2 Scheiben gekochter Schinken
1/2 l Gemüsebrühe (Instant)
250 g Sahne
Salz, Pfeffer
2 EL Öl
1 Prise Zucker
2 bis 3 EL Speisestärke
400 g Nudeln (Penne, Bandnudeln)

Filets und Schinken in Streifen, Lauchzwiebeln in Ringe schneiden. Nudeln in Salzwasser ca. 10 Minuten bissfest kochen. Anschließend abgießen und abtropfen lassen.
Inzwischen Öl in einer Pfanne erhitzen. Fleisch zufügen und darin von allen Seiten anbraten. Mit Salz, Pfeffer und Zucker abschmecken. Lauchzwiebeln und Schinken dazugeben. Anschließend mit Brühe und Sahne ablöschen und aufkochen lassen. Mit Stärke binden. Nudeln zum Hähnchen-Schinken-Rahm geben und anrichten.

Von Bettina Golsner,
Vorderhindelang

Preiselbeer-Puten-Auflauf

Zutaten:
300 g gebratene, kalte Putenbrust
150 ml Milch
3 trockene Semmeln
2 Eier
50 g Zucker
1/2 TL Zimtpulver
60 g Rosinen
3 EL Preiselbeerkompott

Semmelwürfel mit lauwarmer Milch begießen und ca. 15 Minuten einweichen lassen. Eier trennen. Eiweiß steif schlagen. Eigelb, Zucker und Zimt schaumig schlagen. Rosinen und Eischnee unterheben. Backofen auf 180 Grad vorheizen. Die Putenbrust in dünne Scheiben schneiden und dachziegelartig in eine gut gebutterte Auflaufform geben.
Die eingeweichten Semmeln darauf verteilen. Alles mit der Eiercreme bedecken und auf der Mittelschiene ca. 25 Minuten backen.
Dann das Preiselbeerkompott auf dem Auflauf verteilen und nochmals fünf Minuten backen.

Tipp: Ein raffinierter schneller Auflauf. Ist bei Kindern sehr beliebt.

Von Conny Herz, Görisried

Putenfleisch – süß-sauer

Zutaten:
500 g Putenbrust
1 Zwiebel
1 rote Paprikaschote
1 Dose Ananasstücke
Sojasoße
2 EL Suppenbrühpulver
2 EL Tomatenketchup
Speisestärke
1 TL Salz

Die Zwiebel und die Paprika grob würfeln und gut anbraten. Das Fleisch fein würfeln, zugeben und gut anbräunen. Ananasstücke mit Saft untermischen. Sojasoße, Salz und ca. 2 EL Suppenpulver zugeben. Mit etwas Speisestärke andicken und mit 2 EL Tomatenketchup abschmecken.
Dazu schmecken am besten Reis und ein frischer Blattsalat aus dem eigenen Garten.

Tipp: Gericht ist blitzschnell zubereitet.

Von B. Schoder,
Wildpoldsried
Bild: Ulrike Finkenzeller

Putenfleischtopf

Zutaten:
4 Putenschnitzel
1 große Zwiebel
1 Knoblauchzehe
Salz, Pfeffer, Curry
1 bis 2 Becher Sahne
1 Ecke Sahneschmelzkäse
Butter

Die Putenschnitzel klopfen, würzen und in heißer Butter anbraten. Dann herausnehmen. Dann im Bratenfett die Zwiebelringe und die zerdrückte Knoblauchzehe andünsten. Fleischscheiben und Zwiebel in eingefettete, feuerfeste Glasschüssel geben.
Sahne mit Schmelzkäse verrühren, mit Salz und Curry würzen und über Fleisch und Zwiebel gießen. Den Topf schließen, das Gericht 45 Minuten bei 200 Grad backen.
Dazu Reis und Salat servieren.

Von Lucia Reisacher,
Dietmannsried

Putengeschnetzeltes – Fernost

Zutaten:
400 g Putenschnitzel
3 EL Sherry oder Weißwein
2 EL Speisestärke
300 g Lauch, Karotten, Paprika
150 g Bambussprossen oder Sojakeimlinge
20 g Erdnüsse
4 EL Öl
1/4 l Hühnerbrühe
Zitronensaft, Honig
Sojasoße, Ingwer, Chili
Sambal Oelek
200 g Reis (Duftreis)

Sojasoße, Sherry, Speisestärke mischen. Putenfleisch in Streifen schneiden, einlegen. Ca. 20 Minuten Gemüse und Keimlinge in Öl dünsten. Aus der Pfanne nehmen. Fleisch abgetropft darin 4 Minuten braten. Mit Brühe aufgießen. Gemüse zugeben. Süß-sauer-scharf abschmecken, eventuell binden. Dazu passen Duftreis und Pflaumenwein.

Tipp: Kann auch im Wok gekocht werden.

Von Angelika Leichtle, Unteregg

Putenragout mit Brokkoli

Zutaten:
2 Putenschnitzel
(oder Gulasch)
300 g Brokkoli
2 TL Brühe
1 Glas Champignons
2 EL Öl
Zitronensaft
Salz
saure Sahne

Brokkoli waschen, Röschen abschneiden, Stiel in feine Scheiben schneiden und in ca. 400 ml Wasser mit 1 TL Salz und 2 TL Brühe etwa 15 Minuten kochen. Bis auf einige Röschen anschließend Brokkoli mit dem Zauberstab pürieren, die saure Sahne dazugeben und abschmecken. Öl in einer Pfanne erhitzen, das klein geschnittene Putenfleisch und die Pilze scharf anbraten und bei kleiner Hitze fertig braten. Mit Salz und etwas Zitronensaft würzen.
Zum Schluss Fleisch mit Brokkoli-Soße und Brokkoli-Röschen vermengen.

Tipp: Als Beilage schmecken Salzkartoffeln oder Weißbrot.

Von Vroni Mair,
Aitrang

Putenrouladen mit Schafskäse

Zutaten:
4 Putenschnitzel
100 g Schafskäse
1 Eigelb
2 EL Kräuter
1 gehackte Knoblauchzehe
Pfeffer
1/4 l Brühe
100 g Crème fraîche
Mehl
Fett zum Braten

Schnitzel flach klopfen. Schafskäse mit einer Gabel zerdrücken, mit dem Eigelb, den Kräutern und der Knoblauchzehe vermischen. Mit Pfeffer abschmecken.
Mischung auf die Schnitzel verteilen und glatt streichen, aufrollen. Mit einer Rouladennadel feststecken. Die Rouladen in heißem Fett anbraten. Brühe zugießen und etwa 20 Minuten schmoren lassen. Rouladen herausnehmen und warm halten. Den Bratenfond mit dem Crème fraîche aufkochen und mit dem angerührten Mehl binden. Soße nochmals abschmecken, eventuell etwas Rotwein zugeben.

Tipp: Als Beilagen schmecken Kroketten.

Von Gerlinde Waibel, Gunzesried und Gertraud Neuwirth, Pless
Bild: Angela Beutel

Putensalat

Zutaten:
4 Putenschnitzel
1 Dose Champignons
1 große Dose Ananas
1 Glas Spargel
1 große Zwiebel
1 Stange Lauch
1 bis 2 Beutel Reis

Soße:
6 EL Joghurt
3 EL Mayonnaise
1 EL Schmand
2 TL Paprikapulver
Sojasoße, Zitronensaft
4 EL Sherry
Curry, Salz

Putenschnitzel braten, in feine Streifen schneiden. Champignons, Ananas, Spargel, Lauch und Zwiebel fein schneiden und mit Putenstreifen mischen. Soße herstellen und zusammen mit dem Reis unterheben. Gut durchziehen lassen. Kurz vor dem Servieren eventuell nochmals abschmecken.

Von Ulrike Maier,
Breitenbrunn

Putenschnitzel »Altes Land«

Zwiebeln und Speck in feine Würfel, die Kartoffeln in Scheiben schneiden. Äpfel abbrausen, vierteln und das Kerngehäuse herausschneiden. Das Fruchtfleisch eines Apfels in kleine Würfel, restliches Fruchtfleisch in grobe Würfel schneiden. Putenbrust abbrausen, trockentupfen und in vier dünne Schnitzel schneiden. Kerbel abbrausen, trocken schütteln, in kleine Sträuße zupfen.

In einer Pfanne die Kartoffelscheiben unter gelegentlichem Schwenken ca. 15 Minuten braten. In einer zweiten Pfanne die Hälfte der Speckwürfel auslassen, Zwiebelwürfel zufügen und glasig andünsten. Die kleinen Apfelwürfel zufügen und ca. fünf Minuten darin dünsten. Die Apfelfüllung auf die Putenschnitzel verteilen, Parmesan darüber streuen. Schnitzel auf die Hälfte zusammenklappen und mit Holzstäbchen feststecken. Restliche Zwiebeln und Speckwürfel in Öl andünsten. Grobe Apfelwürfel dazugeben, kurz mitdünsten, mit Zucker bestreuen, Wein angießen und alles ca. fünf Minuten dünsten. Putenschnitzel in Mehl wenden und auf jeder Seite ca. acht Minuten braten. Schnitzel mit Äpfel und Bratkartoffeln anrichten.

Zutaten:
600 g Putenbrust
100 g Zwiebeln
50 g durchwachsener Speck
400 g gekochte Kartoffeln
5 süße Äpfel (beispielsweise Rubinette)
2 Zweige Kerbel
5 EL Sonnenblumenöl
40 g Parmesan (frisch gerieben)
1 TL Zucker
4 EL Weißwein
2 EL Mehl

Von Carla Hölzle,
Markt Rettenbach

Putenschnitzel in Curry-rahmsoße und Mandelreis

Zutaten:
4 Putenschnitzel
250 g Reis
Mandelstifte
40 g Butter
3 bis 5 Äpfel
(je nach Größe)
1 Zwiebel
250 ml Wasser
1/2 l Sahne
1 Dose Ananas
Currypulver
Salz, weißer Pfeffer
gekörnte Brühe

Den Reis in Salzwasser kochen. Für die Soße Zwiebel schälen und in Würfel schneiden. Äpfel waschen, schälen, entkernen und in grobe Stücke schneiden. Zwiebel in Butter andünsten, Äpfel dazugeben. Mit Currypulver stauben und mit Wasser aufgießen. Äpfel weich dünsten und anschließend pürieren. Mit Salz, Pfeffer und wenig Brühe abschmecken. Zum Schluss Sahne und etwas Ananassaft und Ananasstücke zugeben. In der Zwischenzeit die Putenschnitzel in Butter auf beiden Seiten anbraten und mit wenig Salz würzen. Den gekochten Reis mit Mandelstiften mischen.

Tipp: Wer etwas Besonderes möchte, kann noch eine Banane halbieren, in Kokosraspeln wälzen und diese in einer Pfanne auf beiden Seiten anbraten.

Von Ines Sommer,
Hasberg

Putenschnitzel in Rahm-Weinsoße

Zutaten (für 6 Personen):
6 Putenschnitzel
6 Scheiben geräucherter Schinken
2 Becher Sahne
2 Becher Crème fraîche
1/8 bis 1/4 l Weißwein
1 Päckchen Zwiebelsuppe
Mandelblättchen

Die Putenschnitzel würzen, mit dem Schinken belegen und einrollen. Große Fleischrollen halbieren und in eine Auflaufform legen. Die Zwiebelsuppe darüber streuen. Die Sahne cremig schlagen, Crème fraîche und Weißwein dazumischen, dann die Soße über das Fleisch gießen, mindestens einige Stunden, besser über Nacht, im Kühlschrank ziehen lassen. Vor dem Backen Mandelblättchen darüber streuen. Danach im Backofen ca. 1 Sunde bei 180 Grad überbacken.

Tipp: Als Beilage passen Spätzle, Kartoffeln oder Reis und Salat.
Gelingt leicht und geht schnell und schmeckt gut.

Von Resi Rudolph,
Kempten

Rührei mit Geflügelleber

Zutaten:
300 g Geflügelleber
6 Eier
65 g Butter
Salz, Pfeffer
etwas Weißwein
1 kleine Dose Champignons

Die Geflügelleber in 35 g Butter rasch anbraten und 10 bis 15 Minuten bei mäßiger Hitze garen lassen, dann salzen, aus der Pfanne nehmen und warm stellen. Den Bratensatz mit wenig heißem Wasser aufkochen, vom Feuer nehmen und den Wein zugießen. Die Soße mit Salz abschmecken. Gleichzeitig das Rührei zubereiten. Hierfür 30 g Butter in einer Stielpfanne erhitzen, jedoch nicht bräunen. Die mit Salz und Pfeffer verquirlten Eier zugeben, die Flamme klein lassen. Sobald die Eimasse zu stocken beginnt, mit einem Holzlöffel stichweise vom Pfannenboden losrühren, bis keine Flüssigkeit mehr vorhanden ist. Das Rührei muss großflockig sein.
Die Leber wird in der Mitte der Platte angerichtet, die Soße darüber gegossen und die Champignons darauf gelegt. Beiderseits der Leber wird das Rührei verteilt und mit frischer Petersilie angerichtet.

Von Walli Schlenz,
Vöhringen

Schnitzel auf Kartoffelbett

Zutaten:
4 Putenschnitzel
1 EL Butter
500 g Kartoffeln
Salz, Pfeffer, Kräutersalz
200 g geriebener Käse
(Gouda)
1 bis 2 Becher Sahne
1 EL Fondor
1 EL Paprika

Butter schmelzen, Bratkar einfetten, Kartoffeln waschen, schälen, in sehr feine Scheiben hobeln, in das Bratkar einschichten und bei 200 Grad ca. 15 Minuten backen. Putenschnitzel würzen, auf die vorgebackenen Kartoffelscheiben legen und bei 200 Grad weitere 30 Minuten backen. Dann den geriebenen Käse auf die Schnitzel streuen, Sahne schlagen, Fondor und Paprika unter die Sahne rühren, Sahne auf den Schnitzeln verteilen und bei 200 Grad ca. 30 Minuten überbacken.

Tipp: Wenn man Bergkäse verwendet, gibt es einen besseren Geschmack.

Von Christine Redler,
Bolsterlang
Bild: Sabine Buchmann

Schnitzelfleisch

Zutaten:
8 Schnitzel (Hähnchenbrustfilet)
1 mittelgroße Zwiebel
100 g Speck
150 g Champignons
2 Becher Sahne
50 g Emmentaler Käse

Schnitzel in eine Auflaufform so legen, dass der ganze Boden bedeckt ist. Zwiebel und Speck in kleine Würfel schneiden. In einer Pfanne knusprig anbraten, dann auf den Schnitzeln verteilen. Pilze in Scheiben schneiden und ebenfalls auf die Schnitzel geben. In der selben Pfanne Sahne kurz aufkochen lassen. Die Sahne nimmt dann den Geschmack von Zwiebel und Speck an. Aufgekochte Sahne in Auflaufform geben und im vorgeheizten Backofen bei 180 Grad 30 bis 40 Minuten gar werden lassen. Kurz vor Garende mit Käse bestreuen.
Das Gericht benötigt keine Gewürze. Der Geschmack kommt aus den Zutaten selber.
Tipp: Pilze aus dem Wald schmecken noch besser. Als Beilage breite Bandnudeln oder Baguette reichen.

Von Nadine Gläser, Waltenhofen (kleines Bild) und von Anke Wirth, Durach (Bild oben)

Senfschnitzel

Zutaten:
4 Putenschnitzel
Pfeffer, Salz, Paprika
etwas Öl zum Braten
400 ml Sahne
etwas Speisestärke
2 EL mittelscharfer Senf

Schnitzel mit Pfeffer, Salz und Paprika einreiben. In der Pfanne von beiden Seiten anbraten, bis die Schnitzel gar sind (nicht zu dunkel). Die Schnitzel aus der Pfanne nehmen. 2 EL Senf mit dem Schneebesen in der Pfanne verrühren. Sahne dazurühren und einmal aufkochen lassen, eventuell mit Speisestärke etwas andicken. Die Schnitzel wieder in die Pfanne legen.

Tipp: Bauernspätzle oder Salzkartoffel mit Salat passen gut dazu.

Von Luitgard Hartmann,
Stötten a. A.

Lamm

Lammbraten

Zutaten:
1 kg Lammfleisch (Keule, Schulter, Rücken)

Beize:
1 bis 2 l Buttermilch
1 Zwiebel
4 Wachholderbeeren
1/2 EL Pfefferkörner
1 Lorbeerblatt
2 Zitronenscheiben

Zum Braten:
Salz, Pfeffer, Paprika
Salbei, Rosmarin
1 Zwiebel
1 bis 2 Knoblauchzehen
1 Bund Suppengrün
1/8 l Rotwein
1/4 l heiße Fleischbrühe
2 EL Crème fraîche
saure oder süße Sahne

Das Fleisch ein bis zwei Tage in Buttermilchbeize legen. Ofen auf 200 Grad vorheizen.
Fleisch aus der Beize nehmen, abtrocknen. Mit einer Mischung aus Salz, Pfeffer, Paprika, Salbei, Rosmarin und Knoblauch (zerdrückt) einreiben. Im Bräter das Fleisch rundum gut anbraten, Zwiebel (geviertelt) und Suppengrün (geschnitten) mitbräunen. Mit Brühe und Rotwein aufgießen. Fleisch in den Ofen schieben, mehrmals mit Bratensoße begießen und bei Bedarf Brühe nachgießen. Garzeit etwa eine Stunde.
Fleisch herausnehmen und warm stellen. Bratensatz durchpassieren, mit etwas Brühe aufkochen, Rotwein zugeben und mit Stärkemehl binden. Soße mit Crème fraîche oder Sahne abschmecken.
Als Beilagen: Plätzle, Knödel, kartoffelkroketten, grüne Bohnen oder Blaukraut.

Von Ursula Mayer-Negele, Erkheim
Bild: Sylvia Weixler

Lammcurry

Zutaten:
1 kg Lammfleisch
Butter, Olivenöl
1/2 kg Zwiebeln
2 bis 3 Knoblauchzehen
2 bis 3 säuerliche Äpfel
2 bis 3 EL Curry
1/2 l Brühe
Salz, Pfeffer
1/2 Zitrone (Saft)
1 bis 2 EL Mehl

Fleisch in Würfel schneiden, in heißem Fett anbraten, aber nicht braun werden lassen. Fleisch aus dem Topf nehmen und warm stellen.
Im verbliebenen Fett die gewürfelten Zwiebeln und Knoblauchzehen glasig dünsten.
Die Äpfel würfeln und mitbraten, bis sie zerfallen. Dann Curry zugeben und kurz anschwitzen, mit ca. 1/2 l Brühe angießen. Das Fleisch wieder zugeben, mit Salz und Pfeffer würzen und kochen, bis das Fleisch gar ist. Zitronensaft zugeben. Sahne mit Mehl verrühren, dann dazu geben und nochmals kurz aufkochen lassen. Abschmecken und mit Reis servieren.

Tipp: Schmeckt auch mit jedem anderen Fleisch gut.

Von Elisabeth Rietzler,
Kraftisried
Bild: Sylvia Weixler

Lammkeule auf Wild-Art

Zutaten:
1,5 kg Lammkeule
2 bis 4 EL Rapsöl
2 Zwiebeln
etwas Lauch
2 Karotten
etwas Sellerie
1/2 l guter Rotwein
Preiselbeeren
Thymian
4 Nelken
3 Lorbeerblätter
Rosmarin (gemahlen)
Salz, Pfeffer
5 Wachholderbeeren,
eventuell Preiselbeeren
Kräuterbutter
1 Dose Birnenhälften

Lammkeule von Häutchen säubern, trockentupfen, in heißes Fett geben und von allen Seiten anbraten. Vorbereitetes Wurzelgemüse zugeben. Fleisch entnehmen. Mit 1/2 l Rotwein ablöschen und die Gewürze, Wacholderbeeren, Lorbeerblätter, Nelken, Thymian zugeben. Das Fleisch mit Salz, Pfeffer und viel Rosmarin einreiben und in die Pfanne zurücklegen. Mit einigen Kräuterbutterscheiben belegen, das gibt einen guten Geschmack und Feuchtigkeit für das Fleisch. Wer will, kann noch 2 TL Preiselbeeren in die Soße geben, zudecken und langsam ca. 1 1/2 bis 2 Stunden köcheln lassen (je nach Alter des Lamms).

Danach Fleisch und die Lorbeerblätter entnehmen. Alles andere mit einem Zauberstab zerkleinern und durch ein Sieb gießen, mit Schaber durchpassieren, mit etwas Soßenbinder die Soße sämig machen und eventuell nochmal mit Rosmarin und Preiselbeeren abrunden. Fleisch aufschneiden und dazugeben. Mit warmen, gefüllten Birnenhälften, Spätzle oder Knödel und Blaukraut servieren.

Von Monika Fluhr,
Bad Wurzach

Tipp: Schmeckt auch mit Rehfleisch (auch Ragout) gut. Ein Festessen!

Lamm-Pizza – arabisch

Zutaten:
Teig:
400 g Mehl
1 Packung Trockenhefe
Salz, Oregano
ca. 1/4 l Wasser

Füllung:
500 g Lammhackfleisch
1 Knoblauchzehe
2 Zwiebeln
1 Paprika
2 Peperoni
1 Karotte
Salz, Pfeffer, Paprika
eventuell Sambal Oelek
Oregano
2 bis 3 große Tomaten
oder 100 ml pürierte
Tomaten

Hefeteig kneten und zugedeckt gehen lassen. Hackfleisch anbraten, klein gehackte Zutaten dazugeben, würzen und 10 bis 15 Minuten köcheln lassen.
Hefeteig auswallen und runde Fladen ausschneiden. Zur Hälfte mit der Füllung ca. 1 bis 2 cm hoch belegen. Andere Hälfte darüber klappen und mit einer Gabel den Rand festdrücken.
Auf gefettetem Backblech ca. 30 Minuten bei 200 Grad goldbraun backen.
Bei desserttellergroßen Stücken ergeben sich 8 Pizzas.

Tipp: Aufschneiden und etwas Tsatsiki in die Mitte geben, ergibt noch mehr Saftigkeit. Schmeckt auch noch lauwarm.

Von A. Dattler,
Ottobeuren
Bild: Brigitte Wiedemann

Lammragout

Zutaten:
750 g Lammfleisch
(ohne Knochen
Salz, Pfeffer
Estragon, Öl
1 Glas Weißwein
1 Zitrone (Saft)
1 Prise Zucker
1 TL Senf
ca. 25 abgetropfte
Perlzwiebel
1 EL Mehl
1/8 l Sahne
etwas Knoblauch

Fleisch in Würfel schneiden, in Öl anbraten und mit Weißwein und Zitronensaft angießen. Dann Zucker und Senf zugeben und 45 Minuten schmoren lassen. Das Mehl unter das Fleisch rühren und mit Sahne angießen. Mit Knoblauch würzen und aufkochen lassen.

Tipp: Als Beilage eignet sich am besten Reis.

Von Resi Fiener,
Ebersbach

Lammragout in Zitronensoße

Zutaten:
900 g Lammkeule
2 EL Butter oder Olivenöl
1 große Zwiebel
Salz, weißer Pfeffer
1 bis 2 EL Mehl
1/4 l klare Brühe
1/4 l Weißwein
500 g frischer Blattspinat
1 unbehandelte Zitrone
3 Eigelb
geriebene Muskatnuss

Keule vom Fett befreien, waschen, trockentupfen und in grobe Würfel schneiden. Butter im Topf erhitzen. Lamm darin anbraten. Zwiebel schälen, klein schneiden und mitbraten. Würzen, mit Mehl bestäuben, dann ablöschen. Zitrone gründlich waschen, trockentupfen. Von einer Hälfte zwei bis drei Scheiben abschneiden. Rest und andere Hälfte auspressen. Spinat und Zitronenscheiben ca. 20 Minuten vor Ende der Garzeit zum Ragout geben und mitgaren. Eigelb und Zitronensaft verquirlen.
Topf vom Herd nehmen. Eigelb mit 2 EL heißer Soße verrühren. Unter Rühren zum Ragout geben und die Soße damit binden (nicht aufkochen!). Das Ragout abschmecken und anrichten. Dazu schmeckt Fladenbrot oder Reis.

Von Maria Eckel,
Buch

Wild

Flambierte Rehspießchen

Zutaten:
600 g ausgelöstes, sehnenfreies Rehrückenfleisch
8 Champignonköpfe
8 dünne Scheiben Rohschinken
1/4 l Wildgrundsoße
4 cl Wacholdergeist
Salz, Majoran, Thymian
2 EL Sahne
Fett zum Braten

Aus dem Rehrückenfleisch ca. 12 Medaillons zu je 50 g schneiden und etwas klopfen, aber nicht zu dünn. Die geputzten Champignons in die Rohschinkenscheiben einzeln einwickeln. Fleisch und Champignons abwechselnd auf einen Spieß stecken, mit Salz, Pfeffer und den Kräutern würzen. Die Spieße rosa bzw. halbdurch braten, mit Wacholdergeist ablöschen und flambieren.
Die Rehspieße aus der Pfanne nehmen, den entstandenen Saft mit Wildgrundsoße aufkochen, die Sahne beigeben und durch ein feines Sieb passieren. Heiß servieren.
Tipp: Dazu passen Johannisbeergelee in der Williamsbirne und feine hausgemachte Spätzle.

Von Barbara Winter, Petersthal

Gebeizte Hasenkeulen

Zutaten:
1 kg Hasenkeulen
1 Zwiebel
1 Knoblauch
1 Lorbeerblatt
2 Nelken
Petersilie
etwas Rosmarin
etwas Thymian
3/8 l Rotwein
1/8 l Essig
Salz
2 EL Mehl
50 g Räucherspeck
1 Zwiebel
Johannisbeergelee

Hasenkeulen mit Zwiebelscheiben, zerdrücktem Knoblauch, Lorbeerblatt, Nelken, Petersilie, Rosmarin und Thymian in ein enges Gefäß geben. Mit Rotwein, Essig und Wasser übergießen, ca. ein bis zwei Tage in der Marinade lassen.
Hasenkeulen abtropfen, salzen, in Mehl wenden, gut anbraten. Räucherspeck und gewürfelte Zwiebel beifügen. Etwas Mehl zugeben, braun werden lassen, danach die Hälfte der Marinade zugießen. Ca. 1 1/2 Stunden schmoren lassen.
Nach Bedarf kann Marinade, Fleischbrühe oder Rotwein beigefügt werden.
Mit Johannisbeergelee oder Kirschwasser pikant abschmecken.

Von Angelika Schütz,
Leutkirch

Hasenbraten

Zutaten:
Schlegel, Vorderläufe und
Rücken von einem Hasen
Salz, Pfeffer, Paprika
75 g Butter oder Öl
1 Karotte
1 Zwiebel
1 Scheibe Brot
1/8 l Rotwein
1/4 l Brühe
Stärkemehl zum Binden
2 EL Crème fraîche,
saure oder süße Sahne

Fleischteile würzen und im Bräter auf beiden Seiten gut anbraten. Mit Brühe aufgießen, halbierte Zwiebel, Brotscheibe und in Scheiben geschnittene Möhren zugeben. In den Ofen geben und bei 200 bis 220 Grad ca. eine Stunde braten. Das Fleisch während des Bratens mehrmals mit Bratensoße begießen, bei Bedarf Brühe nachgießen.
Fleisch herausnehmen und warm stellen.
Bratenrückstand entfetten, durchpassieren, mit etwas Brühe aufkochen, Rotwein zugeben und mit Stärkemehl binden. Soße mit Crème fraîche oder Sahne abschmecken.

Tipp: Als Beilagen Spätzle, Knödel, Kartoffelkroketten, Blaukraut, Preiselbeeren.

Von Irmgard Mayer,
Ottobeuren
Bild: Sylvia Weixler

Hasenragout

Zutaten:
700 bis 800 g Ragoutteile
50 g Speck
1 bis 2 Zwiebel
Salz, Pfeffer
2 EL Mehl
1/2 l Brühe
einige Wacholderbeeren
Thymian nach Belieben
Sahne
1 Glas Rotwein

Ragoutteile in gewürfeltem Speck anbräunen, geschnittene Zwiebel zugeben, bräunen lassen, dann Mehl darüber stäuben. Kurz bräunen lassen, mit abgeschmeckter Brühe aufgießen und Gewürze zugeben. 45 Minuten bis eine Stunde zugedeckt garen. Fleisch aus Soße nehmen. Soße durch ein Sieb streichen, mit Rahm und Rotwein abschmecken. Fleisch darin durchziehen lassen, nicht mehr kochen lassen.

Tipp: Dazu schmecken Semmelknödel, Spätzle, Blaukraut, Preiselbeeren.

Von Aloisia Hohl,
Leutkirch

Krustierter Wildrücken

Zutaten:
1 kg Wildrücken
(Hirsch, Reh)
Salz, Pfeffer, Thymian
12 Wacholderbeeren
fein gehackt
2 EL Öl
2 Zwiebeln
300 ml Rotwein
200 ml Brühe
Mehl zum Binden

Kruste:
1 Ei
125 g Semmelbrösel
2 TL Zucker
2 TL Butter
40 ml Rotwein
2 TL Cognac
1 EL Kräuter gehackt

Den Fleischrücken mit den Gewürzen einreiben. Die Zwiebeln würfeln, mit dem Fleisch im heißen Öl anbraten und in den Ofen schieben. Nach 20 Minuten mit dem Rotwein und der Brühe aufgießen und weitere 30 Minuten braten. Inzwischen die Zutaten für die Kruste vermischen. Die Oberseite des Rückens mit der Mischung dick bestreichen und 20 Minuten braun werden lassen. Den Braten herausnehmen und warm halten, die Soße anbinden.

Tipp: Wird bei uns am liebsten mit Spätzle oder Salzkartoffeln gegessen.

Von Rosemarie Schwarz,
Bernbeuren

Rehbraten

Zutaten:
Rehbraten

Für die Beize:
1 l Buttermilch
2 Zitronenscheiben
1/2 EL Wacholderbeeren
3 bis 4 Pfefferkörner
2 Lorbeerblätter
2 Nelken, Kräuter

Zum Braten:
Fett
1 Zwiebel
Speckwürfel
1/2 l herber Rotwein
Wildgewürz
Salz, Pfeffer

Soße:
frisch gepresster
Orangensaft
Soßenbinder
1 Becher Sahne

Reh ca. zwei Tage vorher in Beize einlegen. Dazu die Buttermilch mit den anderen Zutaten mischen und in einen verschließbaren Topf geben. Gut bedecken, ggf. wenden.
Nach zwei Tagen aus der Beize nehmen, etwas abwaschen, mit Salz, Pfeffer, Wildgewürz würzen. Speck und Zwiebel in Öl glasig dünsten. Reh dazugeben und von allen Seiten scharf anbraten. Von nun an die nächsten zwei Stunden Rotwein aufgießen und bei mittlerer Hitze garkochen lassen, dabei den Wein über das Reh gießen.
Das Reh aufschneiden und warm stellen. Die Soße fertigstellen und eigens reichen.
Als Garnitur Preiselbeeren, Mandarinenspalten oder Orangenscheiben. Als Beilage schmecken Semmelknödel, Spätzle, Blaukraut und Pilze.

Von Alexandra Kobold,
Geisenried

Rehgulasch mit Speck

Zutaten:
1 kg Rehgulasch
4 Zwiebeln
1 Lorbeerblatt
6 Wacholderbeeren
10 schwarze Pfefferkörner
500 ml Rotwein
200 g Knollensellerie
1 Karotte
100 g Schwarzwälder Bauernspeck
2 EL Öl
Salz, Pfeffer
250 ml Wildfond (Glas)
3 EL Johannisbeergelee
150 g Crème fraîche
1 EL Speisestärke

Fleisch abbrausen, trocken tupfen. Zwei Zwiebeln schälen, vierteln. Mit Lorbeerblatt, Wacholder sowie Pfefferkörner zum Fleisch geben. Wein angießen. Ein bis zwei Tage zugedeckt kühl marinieren.
Gemüse putzen, schälen, waschen, wie Speck würfeln. Fleisch trocken tupfen. Marinade abseihen. Speck in Öl anbraten, Gulasch zufügen, anbraten, würzen. Zwei Zwiebeln schälen, würfeln, mit Gemüse zufügen und anbraten. 1 1/2 Stunden zugedeckt schmoren lassen.
Gelee einrühren, Crème fraîche mit Stärke verrühren, in die kochende Soße rühren, würzen. Mit Petersilie garnieren und nach Wunsch mit Spätzle servieren.
Zubereitung 45 Minuten. Marinieren zwei Tage. Garen 1 1/2 Stunden. Pro Person ca. 740 kcal.

Von Eva Wanner,
Weilbach

Rehkeule

Zutaten:
1 Rehkeule (1,5 bis 2 kg)
2 EL Öl
1/2 TL Thymian
1/2 TL Rosmarin
1/2 TL Estragon
1 TL geriebene Zitronenschale
Salz, Pfeffer
50 g Speckwürfel
2 Zwiebeln
2 Karotten
1/4 Sellerieknolle
1/4 l Rotwein
1/4 l Fleischbrühe
1 Lorbeerblatt
8 Wacholderbeeren
3 Nelken
3 Pimentkörner
Sahne
1 EL Stärkemehl

Gewürze verrühren und die Rehkeule damit einreiben.
Speckwürfel in einer Kasserolle erhitzen und die Keule von allen Seiten anbraten.
Gemüse grob würfeln und zugeben. Mit Rotwein und Brühe aufgießen. Lorbeerblatt, zerdrückte Wacholderbeeren, Nelken und Pimentkörner mitkochen. 1 1/2 Stunden schmoren. Soße mit Sahne verfeinern und mit Stärke binden.

Von Elfriede Dorn,
Heising

Rehrücken

Zutaten:
1,5 kg Rehrücken (oder Hirsch, gehäutet)
Salz, schwarzer Pfeffer
Paprika
5 Wacholderbeeren, zerdrückt
100 g Speckscheiben
75 g Butter
1 Karotte
2 Zitronenscheiben
1/8 l Rotwein
1/4 l Brühe
100 g Sahne
1 TL Mehlbutter

Von Tanja Müller, Dirlewang

Ofen auf 200 Grad vorheizen. Fleisch mit einer Mischung aus Salz, Pfeffer, Paprika und Wacholderbeeren einreiben. Mit Speckscheiben belegen und binden. Bräter mit den restlichen Speckscheiben auslegen. Das Fleisch darauf legen, mit zerlassener Butter übergießen, grob geschnittene Karotte und Zitronenscheiben zugeben. In den Ofen schieben und braten.
Nach etwa 20 Minuten Rotwein und etwas heiße Brühe aufgießen. Hitze auf 180 Grad reduzieren und gar braten. Das Fleisch mehrmals mit Bratensoße übergießen, bei Bedarf Brühe nachgießen. 15 Minuten vor beendeter Garzeit den Speck abnehmen. Garzeit etwa eine Stunde. Fleisch herausnehmen und warm stellen. Bratensatz mit Brühe aufkochen, durchpassieren, Sahne dazugießen, Mehlbutter einrühren, unter häufigem Rühren einkochen.
Die Filets im Ganzen vom Knochen ablösen, schräg in dicke Scheiben schneiden. Das Fleisch auf vorgewärmter Platte anrichten, mit Soße übergießen, restliche Soße separat servieren.
Man kann die Filetscheiben auch wieder auf die Karkasse und den Rücken im Ganzen servieren (besonders für das kalte Büfett geeignet).
Beilagen: Spätzle, Semmelknödel, Kartoffelkroketten, Rotkraut, Rosenkohl, gedünstete Äpfel mit Preiselbeeren oder Orangenmarmelade gefüllt.

Rehschlegel im Bratschlauch

Zutaten:
1 Rehschlegel, ca. 1, 5 kg

Beize:
1 l Wasser
1/2 l Essig
1/2 l Rotwein
1 Zwiebel
2 Lorbeerblätter
1 EL Wacholderbeeren
Senfkörner
Salz

Zum Braten:
Wammerlstreifen

Für Soße:
1/4 l Bratensoße
1/4 l Bratensaft
Preiselbeermarmelade
1 TL Wildgewürz
1 EL klein geschnittenes Wammerl

Fleisch ganz bedeckt mit Beize drei bis fünf Tage liegen lassen.
Danach trocken tupfen, salzen, pfeffern, mit Wammerl belegen und mit etwas Wasser in den Bratbeutel legen und zubinden. Bratschlauch zweimal mit Gabel einstechen und ins Backrohr geben. Bei 180 Grad 1 1/2 bis 2 Stunden braten. Danach vom Knochen lösen und in Scheiben schneiden. Klein geschnittenes Wammerl anbraten, dann Soßenzutaten dazugeben.
Teller mit Orangenscheibe und Preiselbeermarmelade dekorieren.

Tipp: Als Beilage Tannenzapfen aus Krokettenteig, Spätzle, Feldsalat oder Blaukraut.

Von Ingrid Rothärmel,
Altusried

Wildgulasch

Zutaten:
800 g Wildgulasch
1 Zwiebel
1 EL Wacholderbeeren
2 EL Butterschmalz
1 Lorbeerblatt
Salz, Pfeffer
1 Glas Wildfond
1 EL Majoran
200 g Sahne
1 Apfel
1 EL Speisestärke

Zwiebel in dünne Spalten schneiden, Wacholderbeeren zerstoßen. Butterschmalz in einem Bräter erhitzen. Fleisch trocken tupfen und kräftig anbraten. Zwiebel, Wacholder und Lorbeer zugeben und kurz mitbraten. Mit Salz und Pfeffer würzen. Wildfond und 1/4 l Wasser angießen. Aufkochen und bei mittlerer Hitze ca. eine Stunde schmoren.
Apfel vierteln, entkernen, Fruchtfleisch in Stücke schneiden, mit der Sahne zum Fleisch geben. Alles mit Salz, Pfeffer, Majoran würzen, weitere 20 Minuten garen. Speisestärke einrühren.
1 3/4 Stunden Zubereitungszeit.

Für Diabetiker statt Speisestärke pflanzliches Bindemittel verwenden. 100 g Wildfleisch hat nur ca. 100 kcal.

Tipp: Wild ist sehr gut für Diabetiker oder zum Abnehmen.

Von Antonie Lander,
Derndorf

Wildschweinrücken mit Früchten

Zutaten:
1,5 kg Wildschweinrücken
Salz, Pfeffer
2 EL Öl
1/8 l Rotwein
2 EL Butter
100 g Sahne
150 g Speck
6 Wacholderbeeren
2 Nelken
1 Lorbeerblatt
400 g Pfirsiche (Dose)
350 g Sauerkirschen (Glas)
2 EL Preiselbeeren

Wildschweinrücken von beiden Seiten kräftig mit Salz und Pfeffer würzen. Öl und Butter in einem großen Bräter erhitzen, Rücken von allen Seiten darin anbraten. Speck in grobe Streifen schneiden und kurz mitbraten. Wacholderbeeren, Nelken und Lorbeerblatt hinzufügen. Pfirsiche und Kirschen abtropfen lassen, 1/8 l Kirschsaft aufbewahren. Mit Rotwein, Kirschsaft und 1/8 l Wasser aufgießen und Wildschweinrücken zugedeckt bei mittlerer Hitze etwa 40 Minuten garen. Herausnehmen und warm stellen. Bratensud durch ein Sieb gießen und in einem Topf zum Kochen bringen. Sahne dazugießen und Soße etwas einkochen lassen. Pfirsiche in Spalten schneiden und mit den Sauerkirschen unter die Soße heben, kurz erhitzen, Soße mit Salz, Pfeffer und Preiselbeeren pikant abschmecken. Wildschweinrücken mit Soße auf einer Platte anrichten.

Tipp: Dazu schmecken Kartoffelplätzchen.

Von Maria Volkert,
Winzer

Fisch

Auflauf mit Kabeljaufilet

Zutaten:
700 g Kabeljaufilet
Zitronensaft
Salz, Pfeffer
2 Zwiebeln
2 rote Paprikaschoten
500 g Äpfel
2 EL Butter
Paprikapulver
250 g Schmand
2 EL Dillspitzen

Fisch salzen, pfeffern, mit Zitronensaft beträufeln.
Zwiebeln und Paprikaschoten in Streifen schneiden, in Butter glasig dünsten.
Die Hälfte des Gemüses in eine Auflaufform geben, den Fisch darüber verteilen. Äpfel schälen, in Spalten schneiden, mit dem restlichen Gemüse auf dem Fisch verteilen. Schmand mit Dill, Salz, Pfeffer und Paprika würzen, verrühren und darüber geben. 40 Minuten bei 200 Grad backen im Rohr. Mit Pellkartoffeln servieren.

Von Centa Weber,
Ronsberg

Bandnudeln mit Lachsforellensoße

Zutaten:
400 g Lachsforellenfilet
500 g grüne Bandnudeln
Salz
1 kleine Zwiebel
etwas Butter
1 Knoblauchzehe
1/4 l trockener Weißwein
375 g Sahne
weißer Pfeffer, frisch gemahlen
1 Bund Schnittlauch

Reichlich Salzwasser zum Kochen bringen. Die Nudeln darin acht Minuten »al dente« kochen. Inzwischen die Zwiebel fein hacken und in der erhitzten Butter glasig dünsten. Die Knoblauchzehe schälen und durch die Presse drücken und zugeben. Mit dem Weißwein aufgießen und die Flüssigkeit auf die Hälfte reduzieren lassen. Die Sahne dazugießen, aufkochen und wenn nötig andicken. Mit Salz, Pfeffer und Zitronensaft abschmecken. Die Lachsforellenwürfel in die Soße geben, etwa fünf Minuten ziehen lassen. Die Nudeln abgießen, auf Teller verteilen, die Soße darüber geben und mit Schnittlauchröllchen garnieren. Als Beilage gemischten Salat reichen.

Von Fanni Nieberle, Stöttwang
Bild: Gabi Striegl

Fisch im roten Rock

Zutaten:
750 g Kabeljaufilet
500 g Tomaten
50 g Speck
10 g Butter
4 Zwiebeln
Salz, Pfeffer
Knoblauch, Thymian
40 g Mehl
10 g Butter
20 g geriebener Käse
20 g Semmelbrösel
20 g Butter
1/2 Bund Petersilie

Fisch säubern, mit Zitronensaft beträufeln, 10 Minuten stehen lassen und kurz vor dem Garen salzen. Tomaten überbrühen, häuten und vierteln. Den Speck fein würfeln und in Butter auslassen. Zwiebeln in dünne Ringe schneiden, im Speck glasig dünsten, Tomaten zugeben, mit Pfeffer, Salz, Knoblauch und Thymian abschmecken und 5 Minuten durchdünsten. Fischfilet in Mehl wenden, Auflaufform mit Butter fetten, 1/3 der Tomatenmasse einfüllen, darauf den Fisch geben und obenauf die restliche Tomatenmasse. Mit geriebenem Käse und Semmelbrösel bestreuen und 20 g Butter in Flöckchen darüber geben. Im vorgeheizten Backofen bei 200 Grad ca. 40 Minuten überbacken (eventuell zum Schluss etwas abdecken). Die Petersilie fein hacken und darüber streuen.

Von Christa Schmid,
Eberhardzell
Bild: Gabi Striegl

Fisch in Texicana-Salsa-Soße

Zutaten:
600 g Kabeljaufilet
1 EL Butter
1 EL Mehl
1/8 l Sahne
1 Flasche Texicana-Salsa
5 EL geriebener Käse
2 EL gehackter Dill

Eine feuerfeste Form mit Butter einfetten und mit Mehl bestäuben. Fischfilet in große Stücke schneiden und in der Form verteilen. Sahne halbfest schlagen, mit Texicana-Salsa mischen und über den Fisch geben. Käse darüber streuen und im vorgeheizten Backofen bei 225 Grad ca. 20 Minuten backen. Am Schluss mit Dill bestreuen.

Tipp: Dazu können Reis oder Nudeln serviert werden. Viel Spaß beim Kochen.

Von Cordula Kless,
Woringen

Fisch in Senf-Sahne-Soße

Zutaten:
4 Fischfilets
250 g Reis
40 g Butter
2 EL Mehl
125 bis 250 ml Brühe
2 EL Senf
1/2 l Sahne
Salz, Muskat
weißer Pfeffer

Den Reis in Salzwasser kochen.
Fischfilets säubern, säuern, salzen und diese in etwas Butter andünsten.
Aus Butter, Mehl und der Brühe eine helle Einbrenne herstellen. Diese mit Senf, Salz, Pfeffer und Muskat verfeinern, zum Schluss die Sahne zugeben.
Den gekochten Reis in eine Auflaufform geben. Den Fisch darauf legen und mit der Senf-Sahne-Soße übergießen. Bei ca. 170 bis 180 Grad rund 20 bis 25 Minuten überbacken lassen.
Persönliche Anmerkungen/Tipps:
Wenn es schnell gehen soll, kann man das Gericht auch ohne Überbacken genießen.

Von Ines Sommer, Hasberg
Bild: Gabi Striegl

Fischfilet

Zutaten:
750 g Fischfilet
Zitronensaft
Salz, Pfeffer
2 rote Paprikaschoten
2 grüne Paprikaschoten
2 Zwiebeln
1/8 l Weißwein
1/4 l Sahne
Salz, Paprika
Suppenwürze

Fischfilet säubern, salzen, pfeffern. Zwiebel klein schneiden und gut andünsten. Paprika in Streifen schneiden und dazugeben. Weiter dünsten. Das Fischfilet in ca. 4 cm Streifen schneiden und auf die Paprika legen. Weiter dünsten. Dann den Fisch einmal wenden. Wenn der Fisch durch ist, dann nimmt man den Fisch heraus. Nun gibt man die Sahne und den Wein dazu, Lässt es einmal aufkochen und schmeckt es mit den Gewürzen ab. Kurz vor dem Servieren legt man den Fisch wieder hinein.

Von Martina Zwerger,
Ottobeuren

Fischfilet in Kräuterbutter

Zutaten:
600 g Fischfilet
1 Zwiebel
2 Zucchini
400 g kleine Tomaten
2 EL Öl
Salz, weißer Pfeffer
1 bis 2 EL Zitronensaft
50 g Kräuterbutter

Zwiebel schälen und hacken. Zwiebel in erhitztem Öl andünsten. Zucchini putzen, waschen und in Scheiben schneiden. Zur Zwiebel geben und unter Wenden ca. 5 Minuten braten. Tomaten waschen und je nach Größe halbieren oder vierteln, unter die Zucchini mischen. Alles zugedeckt weitere 10 Minuten dünsten. Mit Salz und Pfeffer abschmecken. Fisch waschen, trocken tupfen und in Stücke schneiden. Mit Zitronensaft beträufeln und würzen. 1 EL Öl erhitzen und Fischfilets darin pro Seite drei bis fünf Minuten goldbraun braten. Kräuterbutter zum Schluss in der Pfanne erhitzen. Fisch darin wenden. Alles anrichten, mit der Butter beträufeln und garnieren.

Von Andrea Fendt,
Rammingen
Bild: Anke Wirth

Fischgulasch

Zutaten:
4 Fischfilets
1 Zitrone
1 TL Salz
60 g Butter
1 Zwiebel
1 TL Paprikapulver
1/4 l Fleischbrühe
1 Dose Tomatenmark
1/4 l Sahne
Petersilie

Den Fisch waschen, trocken tupfen und in Würfel schneiden, mit Zitrone beträufeln. Butter erhitzen. Zwiebel andünsten und Fisch dazugeben und anbraten und mit Salz würzen. Paprika dazugeben, mit Brühe aufgießen. Tomatenmark und Sahne dazugeben und ca. 15 bis 20 Minuten köcheln lassen. Mit Petersilie abschmecken.

Tipp: Als Beilagen Reis und Salzkartoffel, reichen.

Von Sybille Leute,
Hergensweiler

Fischküchle

Zutaten:
600 g Fischfilet
2 alte Semmeln
2 Eier
Salz, Pfeffer
Majoran
Zitronenschale
20 g Fett
1 Zwiebel
Petersilie
Mehl
Semmelbrösel

Fischfilet rasch waschen, gut abtropfen lassen, Fisch und eingeweichte, gut ausgedrückte Semmeln durch den Fleischwolf drehen, fein geschnittene Zwiebel und Petersilie in wenig Fett andünsten. Alle Zutaten mischen, sehr gut vermengen, abschmecken, runde Küchle formen und in der Pfanne mit heißem Fett langsam ausbacken.
Es können auch Fischreste von gegartem Fisch verwendet werden.

Von Ursula Mayer-Negele,
Erkheim

Fischrouladen

Zutaten:
3/4 kg Fischfilet
2 bis 3 EL Essig oder
Zitronensaft
Salz, etwas Senf

Zur Fülle:
4 EL dicker Sauerrahm
40 g Speck
2 Gewürzgurken
Zwiebeln
Petersilie
20 g Fett

Zum Garmachen:
20 g Fett
1 Becher Sahne
2 EL Sauerrahm
1 bis 2 EL Tomatenmark

Fischfilet säubern, auf gleiche Dicke und Breite schneiden, säuern, salzen, leicht mit Senf bestreichen, durchziehen lassen. Die Abfälle hacken. Filets mit dickem saurem Rahm bestreichen, mit Fischresten, Speck und Gurkenstreifen, gedünsteten, gehackten Zwiebeln und Petersilie belegen, aufrollen, in gefettete Auflaufform geben. Sahne, Sauerrahm und etwas Tomatenmark mischen und die Rouladen damit begießen. In der Röhre bei mäßiger Hitze ca. 45 Minuten gar ziehen lassen.

Tipp: Als Beilage empfehle ich Salzkartoffeln und Salat.

Von Dorle Dorn,
Bruggen-Ausnang

Gratinierter Tomaten-Fisch

Zutaten:
300 g Fischfilet
2 Scheiben Vollkorntoast
etwas von:
Petersilie, Dill
Schnittlauch
Borretsch und Kerbel
1 kleine Zwiebel
1 Knoblauchzehe
etwas Zitronensaft
4 Fleischtomaten
1 Ei
Salz, Pfeffer
2 EL Rapsöl
1 EL Crème fraîche

Das Fischfilet kalt abspülen und trocken tupfen. Mit dem Toastbrot und den Kräutern im Blitzhacker fein zerkleinern. Die Zwiebel und den Knoblauch fein würfeln. Tomaten waschen, quer halbieren. Das Fruchtfleisch mit einem Löffel herauslösen, fein schneiden und zum Fischmus geben. Knoblauch, Zwiebel, Zitronensaft und Ei zufügen und alles gut vermischen. Die Füllung mit Salz und Pfeffer kräftig würzen. Die Tomaten in eine Auflaufform legen, mit Salz und Pfeffer würzen und mit dem Fischmus füllen. Den Rest des Fischmuses kann man neben die Tomaten in die Form geben. In den auf 200 Grad vorgeheizten Backofen schieben und etwa 30 Minuten garen. Tomaten auf den Tellern anrichten. Den Schmorsud in der Form mit dem Crème fraîche verrühren und zu den Tomaten reichen.

Von Sandra Pfalzer,
Buxach

Heilbuttfilet in Kräuterrahmsoße

Zutaten:
800 g Heilbuttfilet
Zitronensaft
Salz, Pfeffer
1 bis 2 EL Butter
1/4 l Gemüsebrühe
1 Becher Sahne
Stärke zum Binden
Kräuter
1 Zwiebel
2 Essiggurken
1 Paprika

Von Monika Rabus,
Buxach

Den Fisch säubern, säuern und salzen und im Kühlschrank ziehen lassen. Die Zwiebel, die Essiggurken und die Paprika in kleine Würfel schneiden. Nun die Butter im Topf schmelzen und die Zwiebel darin glasig dünsten. Mit der Stärke stäuben und der Brühe aufgießen. Jetzt die Essiggurken- und die Paprikawürfel dazugeben und etwas mitköcheln lassen. Zum Schluss die Sahne und die Kräuter unterrühren und abschmecken. Den Fisch vorsichtig in etwas Mehl wenden und im heißen Fett anbraten.
Dazu gibt es Petersilienkartoffeln und grünen Salat.

Lachs mit Shrimps-Soße

Zutaten:
600 g Lachsfilet
100 g Shrimps in Lake
100 g Pistazien
1 Zwiebel
2 Tomaten
Salz, Pfeffer
2 EL Butter
1 Knoblauchzehe
1 EL Tomatenmark
300 ml Brühe
2 EL gehacktes Basilikum
3 EL Soßenbinder

Pistazienkerne hacken, Zwiebel abziehen, Tomaten waschen, entkernen und würfeln. Lachs abbrausen, trocken tupfen und in vier Stücke teilen. Salzen, in Butter ein bis zwei Minuten je Seite anbraten. Herausnehmen.
Zwiebel im Bratfett andünsten, Knoblauch dazupressen. Abgetropfte Shrimps, Mark, Brühe und Sahne zufügen. Zugedeckt ca. drei Minuten köcheln lassen. 75 g Pistazien, Tomaten, Basilikum zufügen, binden, würzen. Fünf Minuten ziehen lassen.

Tipp: Dazu schmecken Bandnudeln und frischer Salat.

Von Carla Hölzle,
Markt Rettenbach

Lachscreme

Zutaten:
1 kleines Glas Seelachsschnitzel
1 kleine Zwiebel
1 Becher Frischkäse ohne Kräuter
Brot, Vollkornbrot oder Salzkräcker

Eine kleine Zwiebel ganz fein raspeln oder häckseln, die abgetropften Seelachsschnitzel und den Frischkäse dazurühren. Dann die Masse in einen Spritzbeutel füllen und auf Salzkräcker, Brot- oder Vollkornbrotecken spritzen. Schmeckt toll als Vorspeise oder statt Knabbereien oder zum Dippen mit Tacos.

Tipp: Das Öl tropft vom Seelachs leichter ab, wenn das Glas, bevor es geöffnet wird, kurze Zeit in kochendes Wasser gestellt wird.

Von Rita Krug,
Wiggensbach

Lachsnudeln

Zutaten:
250 g frisches Lachsfilet
200 g Bandnudeln
200 ml Milch
100 ml Sahne
20 g Butter
Salz, Pfeffer, Paprika

Lachs in dünne Streifen schneiden und in Butter vorsichtig anbraten. Auf einen Teller geben und warm stellen. Milch und Sahne in eine Pfanne gießen und bei leichter Hitze etwas einköcheln lassen. Mit Gewürzen je nach Geschmack abschmecken. Salzwasser aufstellen und kochen lassen. Nudeln darin garen. Nudeln abgießen und zur Soße in die Pfanne geben. Zum Schluss vorsichtig die angebratenen Lachsstreifen unterheben.

Von Andrea Fischer,
Jedesheim
Bild: Sabine Buchmann

Lachsquiche

Zutaten:
375 g Lachssteaks oder Lachsfilets
1 Rolle Blätterteig
2 Eier
200 g Sahne
Dill
Salz, Pfeffer
Zitronensaft

Lachs würzen, mit Zitronensaft beträufeln und bei schwacher Hitze dünsten, bis er zerfällt. Steaks müssen ausgelöst und gehäutet werden. Noch in der Pfanne recht fein zerteilen. Den Blätterteig mit Backpapier in eine Quicheform legen und mit einer Gabel Löcher einstechen. Den Lachs mit Dünstflüssigkeit darauf verteilen. Eier, Sahne, Salz, Pfeffer und Dill verquirlen. Die Mischung über den Lachs geben.
Bei 160 Grad Umluft ca. 45 Minuten backen, bis die Quiche leicht gebräunt und die Eier-Sahne-Masse gestockt ist.
Dazu passen grüner Salat und Baguette.
Tipp: Kann gut einen halben Tag vorher vorbereitet werden.

Von Gabriele Gaßner, Hasberg

Lachssoße für ein Nudelgericht

Zutaten:
1 Packung Lachs
1 Zwiebel
5 Knoblauchzehen
3 Tomaten
2 kleine Zucchini
etwas Weißwein
2 Becher Sahne
Salz, Pfeffer, Paprika
Gemüsebrühe
Tomatenmark

Etwas Öl in einen Topf, Zwiebel und Knoblauch gewürfelt glasig dünsten. Gewürfelte Tomaten und Zucchini dazugeben und mit Weißwein ablöschen. 10 Minuten kochen lassen und dann würzen. Lachs auftauen und in Würfel schneiden und dazugeben. Mit zwei Becher Sahne aufgießen, aufkochen, dann ausschalten und etwas ziehen lassen.

Von Elfriede Mayer,
Altusried

Lachssteak in Dillsahne

Zutaten:
4 Lachssteaks
1 Becher Sahne
1 Zitrone
1 Bund Dill
Butter
Mehl
Salz, Pfeffer
Gemüsebrühe
Worcestersoße

Lachssteak mit Salz, Pfeffer und Zitrone würzen, in einer Grillpfanne mit Öl langsam garen.
Für die Soße stellen wir mit Butter und Mehl eine helle Mehlschwitze her, die mit der Gemüsebrühe und Sahne abgelöscht und aufgegossen wird, kurz aufkochen lassen und mit Salz, Pfeffer und Worcestersoße abschmecken. Den grob gehackten Dill dazugeben.
Dazu passen sehr gut Reis oder Salzkartoffeln sowie ein Blattsalat in einem leichten Joghurtdressing.

Von Margit Zeller,
Bolsterlang

Räucherforellentatar auf Gurkencarpaccio

Zutaten:
190 g Forellenfilet
1 EL frischer Dill
1 Spritzer Zitrone
Salz, Pfeffer
80 g Schmand
1 TL Olivenöl
1 Gurke
150 ml Sonnenblumenöl
50 ml Balsamico bianco
1 Prise Zucker
2 EL Gemüsebrühe
Feldsalat

Die Forellenfilets in kleine Würfel schneiden und mit Dill, Salz, Zitrone, Schmand und Olivenöl vermischen. 20 Minuten kühlen lassen.
Die Gurken schälen und in dünne Scheiben schneiden.
Für die Vinaigrette Sonnenblumenöl, Balsamico, Salz, Zucker, Gemüsebrühe und Pfeffer verrühren und 5 Minuten durchziehen lassen.
Die Gurkenscheiben auf dem Teller anrichten und mit der Vinaigrette bepinseln. Feldsalat waschen und trocken schütteln. Mit Hilfe von zwei Suppenlöffeln das Tatar zu kleinen Nocken formen und auf dem Gurkencarpaccio anrichten, mit frischem Dill und einigen Blättern Feldsalat garnieren.
Tipp: Dazu schmeckt getoastetes Weißbrot.

Von Angelika Frey,
Dirlewang

Spaghetti-Fischauflauf

Zutaten:
500 g Fischfilet
(Kabeljau, Seelachs oder Goldbarsch)
250 g Spaghetti
40 g Butter
40 g Mehl
1/4 l Brühe
1 Packung passierte Tomaten
Salz, Pfeffer
italienische Kräuter
100 g geriebener Käse
Butterflöckchen

Fischfilet säubern, säuern und salzen. Spaghetti bissfest garen. Butter mit Mehl in einem Topf erhitzen, mit Brühe aufgießen. Tomaten und Gewürze zugeben und daraus eine Tomatensoße herstellen. Dann lagenweise Fisch, Nudeln und Soße in eine Auflaufform füllen. Mit Käse bestreuen, mit Butterflöckchen belegen und bei 200 Grad 30 Minuten backen.
Dazu schmeckt frischer Blattsalat.

Tipp: Wenn es mal schnell gehen muss, nehme ich fertig gekaufte Tomatensoße.

Von Barbara Steinle, Lautrach

Spinat-Lasagne mit Lachs

Zutaten:
500 g Lachsfilet
1 Knoblauchzehe
6 EL Sojasoße
400 g Blattspinat
400 g Nudelplatten
70 g Butter
70 g Mehl
1 l Milch
Salz, Pfeffer, Muskat
125 g Mozzarella

Lachsfilet kalt abbrausen, trocken tupfen und in Scheiben zerteilen. Knoblauch zerdrücken, mit 5 EL Sojasoße mischen und über den Lachs träufeln. Zugedeckt eine Stunde ziehen lassen. Inzwischen Spinat auftauen lassen. Nudelplatten in kochendem Salzwasser fünf Minuten vorgaren. Zum Abtropfen auf Küchentücher ausbreiten.
Für die Soße 50 g Butter schmelzen. Mehl darin anschwitzen. Milch nach und nach einrühren und zugedeckt ca. 10 Minuten köcheln. Mit Salz, Pfeffer und Muskat würzen.
Spinat mit den restlichen 20 g Butter andünsten. Mit Salz, Pfeffer und 1 EL Sojasoße abschmecken. Backofen auf 220 Grad vorheizen. Eine gefettete Auflaufform mit Nudeln auslegen. Den Rest im Wechsel mit Lachs, Spinat und Soße einschichten. Mit Nudeln und Soße abschließen. Mozzarella in Scheiben darauf verteilen. 20 Minuten backen.

Von Marlene Müller,
Attenhausen

Tessiner Fischschnitzel

Zutaten:
4 Fischfilets
(möglichst ohne Gräten)
Zitronensaft
Salz, Pfeffer
Mehl
Öl

Belag:
100 g rohes Wammerl
1 rote Paprikaschote
1 grüne Paprikaschote
Salz, Pfeffer
Oregano
2 EL Ketchup

150 g geriebener
Emmentaler

Von Gertrud Rist,
Weitnau

Fischfilets säubern, etwas Zitronensaft darauf träufeln und mit Salz und Pfeffer würzen. In Mehl wenden und den Fisch in Öl fast gar braten.
Belag: Wammerl in kleine Würfel schneiden und in Öl anbraten. Paprika in kleine Würfel schneiden und mit andünsten. Mit Salz, Pfeffer und Oregano würzen und zum Schluss den Ketchup unterrühren.
Den Fisch in eine feuerfeste Form geben, die Paprikamasse darauf verteilen und mit dem Käse bestreuen. Bei 200 Grad 10 bis 15 Minuten überbacken.

Tipp: Salzkartoffeln und grüner Salat passen sehr gut dazu.

Überbackenes Fischfilet

Zutaten:
4 Scheiben festes Fischfilet (Rotbarsch/Seelachs)
Saft einer Zitrone
Jodsalz
frisch gemahlener Pfeffer
4 Scheiben Toastbrot
2 Knoblauchzehen
1 Bund Petersilie
1 Zwiebel
80 g Butter
2 EL frische Gartenkräuter

Kräuterkruste: Toastbrotrand entfernen, restlichen Toast in kleine Stücke schneiden und im Blitzhacker fein mahlen oder mit den Händen zerkrümeln. Knoblauch und Zwiebel schälen und klein hacken, Kräuter ebenfalls klein hacken.
Butter bei kleiner Hitze schmelzen, zuerst Knoblauch und Zwiebel kurz andünsten, dann Kräuter und Toastbrot unterheben. Mit Salz und Pfeffer abschmecken. Fisch waschen, trocken tupfen und mit Zitronensaft beträufeln. Anschließend in eine gefettete Form legen, mit Salz und Pfeffer leicht würzen. Kräuterstreusel auf den Filets verteilen und gut andrücken.

Im Backofen auf der mittleren Schiene 15 Minuten garen.

Von Cornelia Goßner,
Kirchhaslach

Überbackenes Lachsragout

Zutaten:
500 g Lachsfilet
1 Zwiebel
2 Tomaten
125 g Champignons
Salz,
2 EL Zitronensaft
40 g Butter
125 ml Weißwein
200 ml Sahne
50 g geriebener Käse

Zwiebel fein hacken, Tomaten mit heißem Wasser überbrühen, häuten, würfeln. Champignons in feine Scheiben schneiden, Lachsfilet waschen, trocken tupfen, würfeln, mit Salz und Zitronensaft würzen.
Zwiebel in heißer Butter glasig werden lassen, Tomaten und Champignons zufügen und anschmoren. Weißwein und Sahne angießen, Lachswürfel dazugeben, zugedeckt bei kleiner Hitze fünf Minuten ziehen lassen. Lachsragout in Auflaufform füllen, mit Käse bestreuen, im Backofen bei 200 Grad überbacken, bis der Käse verlaufen ist.

Tipp: Dazu passen Salzkartoffeln oder Bandnudeln.

Von Silke Kreisle,
Wangen

Ungarisches Fischragout

Zutaten:
750 g Goldbarschfilet
Saft einer 1/2 Zitrone
1 EL Butter
2 Zwiebeln
2 grüne Paprikaschoten
Salz, Pfeffer
1/8 l Weißwein
1/4 l saure Sahne
1 TL milde Paprika
1 TL Speisestärke
»Aromat«- oder »Fondor«-Würzmittel

Das Filet waschen, in 1 cm dicke Scheiben schneiden, mit Zitronensaft beträufeln. Zwiebelscheiben und Streifen von Paprikaschoten etwa 5 Minuten in Fett dünsten, das geschnittene Fischfilet darauf legen, mit Salz und Pfeffer würzen, mit Weißwein aufgießen und ca. 10 Minuten leicht dünsten. Den Fisch anrichten, die Sahne mit Paprika und Speisestärke verrühren und zu der Fischbrühe gießen, aufkochen lassen, die Soße pikant mit »Aromat« oder »Fondor« und Pfeffer abschmecken und den Fisch mit der Soße umgießen.

Tipp: Hierzu passen am besten Salzkartoffeln oder Reis.

Von Maria Eggel,
Günzach

Zucchini-Reis-Topf mit Fisch

Zutaten:
500 g Rotbarschfilet
(oder Seelachs)
300 g Zucchini
1 Zwiebel
2 EL Olivenöl
200 g Reis
1/2 bis 3/4 l Gemüsebrühe
200 g Schmelzkäse
1 Messerspitze Safran
(oder Kurkuma, Curry)
Salz, Pfeffer
3 EL gemischte Kräuter
1 EL Limettensaft

Die Zwiebel fein hacken und in Olivenöl glasig dünsten. Den Reis zufügen und unter Rühren 1 Minute anbraten. Mit 1/2 l Gemüsebrühe das Ganze ablöschen, aufkochen lassen und anschließend den Schmelzkäse einrühren. Mit Safran und Pfeffer würzen. Den Reis zugedeckt bei schwacher Hitze 20 Minuten garen. Wenn die Flüssigkeit zu sehr eingekocht ist, noch etwas Brühe zugießen. Ab und zu umrühren. Die Zucchini waschen und trocknen und in etwa 3 cm lange und 1/2 cm breite Stäbchen schneiden. Nach der Hälfte der Garzeit unter den Reis heben. Das Fischfilet waschen, trocken tupfen und in mundgerechte Stücke teilen. Kurz vor Ende der 20-minütigen Garzeit unter den Reis heben. Die gehackten Kräuter zufügen und mit Salz, Pfeffer und Limettensaft würzen.
Den Eintopf zugedeckt weitere 10 Minuten bei schwacher Hitze ziehen lassen.

Von Sylvia Müller,
Helchenried

... mit AVA-Verlagsprodukten

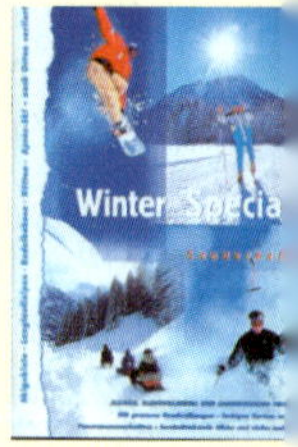

Wanderführer

* je 6,60 €

* 12,95 €

Kalender

* 3,90 €

* 3,60 €

*Preise/Stand Juli/04. Preise inkl. Mwst. und zzgl. Versandkosten.

AVA Verlag Allgäu • Postfach 3153 • 87440 Kempten • Tel.: (0831) 5 71 42 - 13 • Fax: (0831) 7 90 08

info@ava-verlag.de, www.ava-verlag.de